»Zu allem Unglück setzte der Regen ein«

ERNST FRISCHKNECHT

»Zu allem Unglück setzte der Regen ein«

Erinnerungen aus meiner Zeit als Pfadfinder
Winterthur 1956 - 1962

Bibliografische Information der Deutschen Nationalbibliothek
Die Deutsche Nationalbibliothek verzeichnet diese Publikation
in der Deutschen Nationalbibliografie; detaillierte bibliografische
Daten sind im Internet über http://dnb.d-nb.de abrufbar.

Umschlagdesign, Satz, Herstellung und Verlag:
BoD – Books on Demand, Norderstedt
ISBN 978-3-7494-9481-1

Dieses Büchlein enthält Erinnerungen an eine Welt, die untergegangen ist. Ich erzähle von meiner Zeit als Pfadfinder in der katholischen Pfadfinderabteilung Suso in Winterthur in den späten Fünfziger- und frühen Sechzigerjahren des 20. Jahrhunderts. Verbunden damit sind allgemeine Bemerkungen zu Erziehungfragen, zum Zeitgeist und zu den Mentalitäten in diesen Jahren.

Meine Aufzeichnungen sind persönlicher Art und daher einseitig. Andere werden diese Jahre anders erlebt haben und anders sehen. Ich war alles in allem ein braver, gewissenhafter und empfindlicher Bub, der sich von den verschiedenen Instanzen, die sich zuweilen sehr energisch um seine Erziehung bemühten, über Jahre hinaus stark beeindrucken liess. Rückblickend ist aus heutiger Sicht in manchen Bereichen Kritik angebracht. Wer daran Anstoss nimmt, möge aber doch bedenken, dass ich insgesamt zu durchaus positiven Schlüssen komme.

Jahrelang nahm die Pfadfinderbewegung einen grossen Teil meiner Zeit in Anspruch, zusammen mit der Schule, der Kirche, dem Sport und einigen anderen Interessen. Auch nach sechzig Jahren sind viele Erinnerungen an diese Zeiten geblieben, und anderen Pfadikameraden geht es gleich. Gerne setzen wir uns zusammen und tauschen Erinnerungen aus. Rückblickend erscheinen uns diese Jahre als eine unbeschwerte, glückliche Zeit, an die wir nicht ohne Wehmut zurückdenken.

Meine Erinnerungen sind naturgemäss lückenhaft und erfüllen keine wissenschaftlichen Ansprüche, auch wenn ich diese als Historiker gerne erfüllen würde. Was ich zu zeigen versuche, sind mikroskopisch kleine, aber vielleicht nicht uninteressante Ausschnitte aus einer

Winterthurer Alltagsgeschichte. Ich möchte damit auch einen kleinen Beitrag zur schweizerischen Gesellschaftsgeschichte leisten. Besonderes Augenmerk liegt auf den Versuchen, erzieherische Ideale zu verwirklichen. Ich rede von Versuchen, weil die Erfolge eben nicht immer eintraten.

Das Buch soll auch ein Lesebuch sein. Eigene Texte stehen manchmal unvermittelt zwischen Zitaten. Diese stammen aus Pfadizeitschriften, aus dem »Thilo«, dem in zahlreichen und grossen Auflagen erschienenen »Schweizer Pfadfinderbüchlein« von Ernst Thilo, sodann und vor allem aus dem »Suso«, dem Mitteilungsblatt der gleichnamigen Pfadiabteilung. Es liegt mir daran, viele und längere Auszüge aus diesen Quellen einzufügen, denn sie bezeugen auf ihre Art sehr schön die damaligen Mentalitäten, die noch intensiver erforscht werden könnten. Der »Suso« ist nur noch in wenigen Exemplaren erhalten. Die dort mit einfachen Mitteln (Wachsmatrizen) publizierten Artikel verdienen es aber, so will es mir scheinen, für die Nachwelt erhalten zu bleiben.

Mögen die Leserinnen und Leser durch diese Texte zu eigenen Gedanken angeregt werden.

I

An einem Winterabend Ende 1955 läutete es an der Gut-strasse 24 an der Haustüre. Zwei Jugendliche stellten sich als Pfadiführer vor und wünschten, meinen Eltern etwas über die Pfadibewegung zu berichten. Sie durften hinein-kommen und setzten sich an den Stubentisch, ganz wie vor einigen Wochen zwei Missionare der Mormonen, die meine Eltern nachher kaum mehr wegschicken konnten. Die Erklärungen der beiden Pfadiführer richteten sich ganz an die Eltern, vom kleinen Buben, der irgendwo im Hintergrund leicht verängstigt auf einem Stühlchen sass, nahmen sie kaum Notiz. Sie kamen von den «Suso» und sie waren «Hartmannen» und bewirkten allein schon mit diesem beeindruckenden Namen, dass sie von den Eltern als Respektspersonen behandelt wurden und der Bub nichts zu sagen wagte.

Die »Hartmannen« waren also da. So hiess ein Trupp der katholischen Pfadfinderabteilung »Suso«, der Buben aufnahm aus dem Gebiet unserer Herz-Jesu-Pfarrei im Breite- und Mattenbach-Quartier. Was die beiden Werber sagten, verstand ich nicht alles. Ich verstand aber, dass es um mich ging, den kleinen, damals neunjährigen Buben. Sie fragten am Ende meine Eltern, ob sie mich nicht auch zu den Pfadfindern schicken möchten.

Von den Pfadfindern wusste nicht viel. Ein erstes Mal begegnete ich ihnen, als mich die Tante, die gegenüber von uns gewohnt hatte, noch am früheren Wohnort, an der Bürglistrasse in Veltheim, an einen Familienabend der Suso im Kirchgemeindehaus mitgenommen hatte. Ich

Und waren nicht auch die Pfarrer und Vikare im Pfarr-haus der Herz-Jesu-Kirche, die hohes Ansehen genossen, der Ansicht, dass die Pfadfinder, vor allem die katholi-schen, eine nützliche und gute Einrichtung seien? Und kümmerte sich neben den Pfadiführern nicht auch ein Geistlicher, der Präses, ganz besonders um die Pfadfin-der?

Vor kurzem hatte der Präses der Hartmannen sehr gut und treffend gesagt, um was es ging. Im »Suso«, dem Mit-teilungsblatt dieser Pfadfinder, hatte er geschrieben:

»Was der Mensch in seiner Jugendzeit wird, das bleibt er später. Jugend ist der erste Waffengang, Jugend gibt die Richtung an, in der später das Leben verläuft, Jugend ist der Auftakt zum Leben. Da fällt die Entscheidung und meist ist sie bedeutend für das ganze Leben.«

Und im »Kompass«, der Zeitschrift des Verbandes der katholischen Pfadfinder, die zehnmal jährlich erschien und in Winterthur gedruckt wurde, war eine Auffassung zu lesen, die weit verbreitet war:

»Wie manches einzige Muttersöhnchen verdankt es nur den Pfadi, dass es noch lernte, mit anderen umzugehen und nicht seiner Lebtag ein unverstandener, zurückgezo-gener Eigenbrötler geworden ist?« (Juni 1948)

Aus dem Buben sollte doch auch etwas Rechtes wer-den, mehr als einer, der immer nur folgen muss, mehr als nur ein Bauarbeiter, und mehr als nur einer, der mit dem «Übergwändli» an einer Drehbank stand. Bei den Pfadi kommt er an die frische Luft und ins richtige Leben. Ein Bub sollte seine freie Zeit nicht in der warmen Stube ver-bringen, mit Büchern, Baukästen und Briefmarken. Und auch Kälte oder Regen konnten ihm nur gut tun, zumal

ihn ja sein Pfadihut und die Windjacke schützen würden. Man stellte mir die Sache so dar, dass ich trotz einer
gewissen Scheu vor dem Unbekannten, das da auf mich
zukam, nichts gegen einen Beitritt einzuwenden wusste.
Dieser wurde wohl oder übel beschlossen, und so kam
die Pfadfinderwelt über mich wie ein Naturgeschehen.

2

Bevor ich weiteres von meinen Erlebnissen berichte, möchte ich einige allgemeine Bemerkungen machen. Es geht mir bei diesen Aufzeichnungen nicht nur um mich und die kleine Welt, die sich mir da auftat. Ich möchte diesen Bericht auch in einen grösseren, zeitgeschichtlichen Rahmen stellen. Die Pfadfinderbewegung ist ja nur bedingt ein Zeitvertreib und eine beliebige Freizeitaktivität. Sie hatte und hat immer auch hohe erzieherische Ziele. Sie ist, wissenschaftlich ausgedrückt, eine Sozialisationsinstanz. Zusammen mit anderen Kräften, mit dem Elternhaus, der Schule, der Kirche und auch dem Militär, will sie junge Menschen zu brauchbaren, fleissigen, disziplinierten, verantwortungs- und pflichtbewussten Gliedern einer Gemeinschaft formen.

Diese Ziele mögen heutigen Leserinnen und Lesern vielleicht überholt und altmodisch vorkommen. 1956 waren sie aber da, vielfach als Gebote formuliert, energisch vorgetragen und für die Buben sofort spürbar.

Historikerinnen und Historiker sehen in den fraglichen Jahren mit Recht einen Zusammenprall zweier Welten. Auf der einen Seite stehen Autoritäten, die traditionelle Werte vertreten. Bedrohungen und Krisen, Kriegszeiten, harte Lebensbedingungen, die Geistige Landesverteidigung verlangten Disziplin, Arbeit, Pflichtbewusstsein, Gehorsam, körperliche Ertüchtigung und Vaterlandsliebe. Elternhaus, Schule und Kirche vertraten diese Werte, allerdings, und dies muss sofort beigefügt werden, in unterschiedlicher Dosierung. Ich hatte das Glück, stets auch Offenheit oder zumindest Toleranz zu finden für das

Neue, das sich ankündigte. Was ich spürte, war eher ein schleichender Übergang, ein Schwinden von Traditionen, stets begleitet von Klagen der Vertreter der älteren Generation, die sich resigniert auf dem Rückzug befand. Ich habe nur selten einen schmerzhaften Zusammenprall erlebt, und es gab in meinem Umfeld kaum je offenen Streit.

Auf der anderen Seite nämlich kündigte sich eine neue, »moderne« Welt an. Ein wachsendes Freiheitsbedürfnis machte sich geltend. Der Wohlstand wuchs spürbar, eine beispiellose Hochkonjunktur setzte ein, die Lebensverhältnisse orientierten sich zunehmend am amerikanischen Vorbild. Der Fernseher hielt Einzug in die guten Stuben. Haushaltgeräte wie der Kühlschrank oder die Abwaschmaschine wurden Standard. Schlager, Jazz und die Anfänge der Rockmusik verdrängten die Pfadilieder, und Micky-Maus-Hefte und «Kiiteratur» besassen erheblich mehr Anziehungskraft als die SJW-Heftli oder der Pestalozzi-Kalender. Nur sensible Gemüter, Intellektuelle und Schriftsteller sahen die grossen Auseinandersetzungen kommen, die gegen Ende der Sechzigerjahre den bis dahin friedlichen, braven und stabilen Politikbetrieb erschütterten.

Uneingeschränkten Beifall fand die rasch wachsende Mobilität. Alle träumten von einer Vespa oder einem kleinen Auto und erfüllten sich diese Wünsche mit dem ersten verdienten Geld. Von der zunehmenden Freizügigkeit unter den Geschlechtern, die in der Werbung und in den Spielfilmen zum Ausdruck kam, habe ich hingegen nur wenig zu berichten. Die hohen Schranken, die hier bestanden, haben wir respektiert. Und vielleicht sind sie in weiten Kreisen bis heute intakt geblieben.

Wir lebten so zur gleichen Zeit in unterschiedlichen

Welten. Es waren keine Generationen, die aufeinander-folgten. Es waren die Elternhäuser, die Pfarreien, die Lehrer oder die Unterschiede von zwei oder drei Altersjahren, die schon viel bedeuten konnten. Ein Kamerad, der 1966 den Hohenlandenberger beitrat, versichert mir, dass er bereits einen ganz anderen »Pfadigeist« erlebt habe.

In den neuen Zeiten, die in den «Fifties» anbrachen, gerieten diese herkömmlichen, für Patriarchen paradie-sischen Vorstellungen unter erheblichen Druck. Sie wur-den mehr und mehr in Frage gestellt und verschwanden schliesslich, freilich nicht ganz kampflos. In meiner Fa-milie gab es dazu keinerlei Auseinandersetzungen, und mein Vater sah es gar nicht ungern, wenn meine Mutter teilzeit arbeitete und somit etwas zum steigenden Wohl-stand der Familie beitrug. In anderen Familien aber, und gerade in katholischen Milieus, war die traditionelle Rol-lenverteilung noch sehr verbreitet.

Diese Spannungsverhältnisse waren für uns Knaben sehr deutlich zu spüren, vor allem im kirchlichen Leben. Dort ging es ja um nicht mehr und nicht weniger als um das ewige Seelenheil. Wer nicht standhaft war und sich unablässig um ein gutes Leben bemühte, der konnte den Versuchungen des bösen Feindes erliegen und in der Hölle enden. Rückblickend gesehen gaben diese Ausein-andersetzungen unserer Jugendzeit eine überaus grosse Intensität und kräftige Farben, die mir heute zu fehlen scheinen. Der Teufel zog nicht nur in rotem Kleid und mit einer grossen Gabel bewaffnet im Fasnachtsumzug durch die Strassen, es gab ihn wirklich.

Aber sehen wir jetzt genauer hin und kehren zurück ins Frühjahr 1956.

3

Mit dem Beitritt tat sich dem Buben die weite Pfadiwelt auf. Er begegnete Geboten, Gesetzen, Strukturen und Gepflogenheiten, von denen ihm manche sehr seltsam erschienen.

Ich bekam die Hintergründe der Pfadibewegung und deren Sinn nur langsam mit. Vorerst liess ich einfach das offensichtlich Notwendige über mich ergehen, so wie ich schon vorher den Anforderungen der Schule und der Kirche brav und ohne viele Kommentare zu genügen versuchte. Gefreut habe ich mich nicht besonders, als ich eines Abends im Materialmagazin an der Wartstrasse die Pfadiuniform erhielt. Müsste ich vielleicht »fasste« sagen, wie es im Militär heisst? In Kleiderfragen war ich stets recht empfindlich und konnte mich daher vor allem mit dem Hemd, das meine Eltern aus Kostengründen nicht neu kaufen konnten, sondern gebraucht war, nicht anfreunden. Wer mochte es wohl getragen haben? Und was kam nicht alles dazu? Ein Foulard in den Farben der Abteilung, weiss und blau, ein kräftiger Gürtel mit einer metallenen Schnalle, auf der eine Pfadililie abgebildet war und auf der der Spruch *Allzeit bereit* zu lesen war. Dann ein »Täschli«, eine Pfaditasche, die nicht etwa für den Zvieri bestimmt war, sondern einen vorgeschriebenen Inhalt aufweisen musste, bestimmte für einen Pfadi überlebenswichtige Utensilien.

Eine Kniehose aus Manchesterstoff besass ich schon, ebenso Strümpfe und hohe Schuhe. Keinen besonderen Sinn sah ich im merkwürdigen breitrandigen Polizistenhut, den ich am Schluss verpasst bekam. Dass dieser aber ein hervorragender Regenschutz war, stellte ich schon bald und mit Freuden fest.

Später erfuhr ich, dass meine Ausstaffierung und insbesondere das Hemd auf die Uniform der südafrikanischen berittenen Polizei zurückzuführen war. Das braungraue Hemd wollte mir nicht gefallen. Seine Farbe wurde *khaki* genannt und war offensichtlich eine Schutzfarbe, die den erdfarbenen Träger in einem Kampf oder Krieg weniger auffällig machen sollte. Dass Millionen von Soldaten in aller Welt in dieser Farbe eingekleidet worden waren, ahnte ich nicht.

Jedenfalls war ich nun, zumindest von der Uniform her, eindeutig ein Pfadi und damit Mitglied einer durch ihre Kleidung vom Rest der Welt getrennten Gemeinschaft. Ihre Organisation glich derjenigen von Naturvölkern, wie sie mir aus Jugendbüchern bekannt waren. Ich war einem «Stamm» beigetreten! Dem ehrwürdigen Stamm der Hartmannen, die um die Herz-Jesu-Kirche siedelten. Innerhalb Stammes gab es eine Einteilung in kleinere Gruppen. Etwa sieben Pfader bildeten ein Fähnli, die mit Tiernamen bezeichnet wurden, die wie die Namen des Trupps eine ominöse Bedeutung zu besitzen schienen und auf die Identität und möglichen Schicksale der Betroffenen hinwiesen. Sie hiessen Bär, Wolf und Puma. Ähnlich einem Naturvolk lebten wir in unserem Fähnli mit diesem Totemtier, das hauptsächlich dem Gruppenzusammenhalt diente, daneben aber doch noch eine geheimnisvolle, weit in die Vorzeit zurückgehende Bedeutung zu haben schien. Ethnologen oder Anthropologen mögen diesen Fragen weiter nachgehen.

Zur Erbauung und als kleines Intermezzo zwei Sprüche aus dem Pestalozzi-Kalender, den ich Jahr für Jahr geschenkt erhielt und gerne benutzte, um kleine Tagebuch-Eintragungen zu machen. Auch dieser Kalender gehörte zu den damaligen Erziehungsinstanzen, er vermittelte viel Wissen, stellte aber auch mit Nachdruck Verhaltensregeln auf. Für jeden Tag gab es Eintragungen mit dem Todes- oder Geburtstag einer berühmten, vorbildlichen Persönlichkeit und sodann auch einen Spruch.

»Ohne Leiden bildet sich kein Charakter.«

»In des Herzens heilig stille Räume musst du fliehen aus des Lebens Drang.«

4

Die Pfadiuniform war eine Angelegenheit, die nicht auf die leichte Schulter genommen werden durfte. Sie musste gepflegt und den Regeln entsprechend getragen werden. Die höheren Führer machten sich stets Sorgen, sahen Fehler und Missbräuche und äusserten sich häufig besorgt und mit grossem Eifer zur Frage der korrekten Uniform. Im «Suso»-Mitteilungsblatt äusserte sich Bibi wie folgt dazu:

DIE UNIFORM
Halt! Gehe jetzt nicht zum nächsten Artikel über mit der Begründung, dass Du nun schon seit einigen Jahren bei der Pfadfinderbewegung seiest und schon wissest, wie Deine Uniform auszusehen habe. Dein Grund hat seine Richtigkeit, grundsätzlich habe ich diesen Bericht auch nur für die andern geschrieben; aber wie es so ist, es gibt auch hier immer wieder Neuerungen, und deshalb ist es sicher nicht schlecht, weiterzulesen.

Wie es der Name sagt, soll sie eigentlich sein, denn sonst ist sie eben keine Uniform. Wenn es also heisst: »Vollständige Uniform«, dann ist dies eine Doppelspurigkeit, denn sie muss ja vollständig sein, damit sie einheitlich ist.

In der Folge führe ich einmal die einzelnen Uniformteile nach Stufen auf:

– Der Wolf trägt:
Dunkelblaue Mütze mit kleinem Schild und gelben Vorstössen an den Nähten, gelbes Halstuch, dunkelblaues

Hemd mit Brusttasche und Achselklappen, Ledergürtel mit Wolfskopfschnalle, dunkelblaue Tellhose.

– Der Pfader trägt:
Pfadfinderhut, blau-weisses Foulard, elbes Hemd mit zwei Brusttaschen und Achselklappen, Ledergürtel mit Lilienschnalle, dunkelblaue Tellhose.

– Der Rover trägt:
Pfadfinderhut oder – wahlweise – Pfadfinder-Beret, blaues Foulard, elbes Hemd wie Pfader, Ledergürtel wie Pfader, gelbe Hose.

Die hohen Schuhe, welche <u>von allen</u> zu tragen sind, solltest Du nicht als Schikane auffassen. Zum ersten schützten sie Deine Füsse besser gegen Brüche und Verstauchungen, und zum zweiten sind sie viel robuster gebaut und deshalb widerstandsfähiger als Halbschuhe. Vor Anlässen, welche mit Halbschuhen besucht werden (Fronleichnam, Familienabend etc.) weist die Stammführerin bzw. der Truppenleiter speziell darauf hin.

Dem Täschli möchte ich auch noch einige Worte widmen. Man unterscheidet zwischen Rucksäcken, Lunchtaschen usw. Diese sind, im Gegensatz zum Pfaditäschli, als „Kleider- und Verpflegungsbehälter" vorgesehen. Wenn Du aber glaubst, das Pfaditäschli sei für den Servelat vorgesehen, der dann gegen Ende der Übung gebraten werden soll, dann bist Du im Irrtum. (Ganz abgesehen davon, dass es sicher ganz nett sein kann, an einer Übung eine Zvieripause einzuschalten; ist es aber nicht schade für die Zeit am Samstagnachmittag, sie mit solchen allgemeinen Sachen auszufüllen, wo Ihr doch so tolle Erlebnisse haben könntet?) Deine Wolfsführerin, wie auch Dein Venner werden Dich sehr gerne einmal über den Inhalt eines Täschlis orientieren. Es wird über die linke Schulter getragen, wobei der Riemen unter dem Foulard durchzugehen hat.

Spezialabzeichen werden auf dem rechten Oberarm getragen. Wer in eine höhere Stufe übertritt, legt die Spezialabzeichen der Stufe ab, die er verlässt. Führer tragen keine Spezialabzeichen (Leute vom JFm an aufwärts).

Die Führerschnüre sind so zu befestigen, dass der Gleitknoten zwischen Arm und Brusttasche liegt. Die Vennerschnur wird über dem Halstuch gekreuzt. Jungvenner, welche Fähnliführer sind und glauben, eine Pfeifenschnur sei unerlässlich (selbstverständlich nur, um eine Signalpfeife daran befestigen zu können) seien daran erinnert, dass dies <u>nicht</u> zulässig ist, und ich werde mir gestatten, auch eine auf noch so originelle Art erschlichene Schnur zu entfernen und in Verwahrung zu nehmen, bis ev. eine entsprechende Beförderung vorliegt.

Abschliessend hoffe ich, mit diesem Artikel einige Klarheit geschaffen zu haben. Hast Du aber immer noch etwas Schwierigkeiten, dann hänge diesen Zettel an die Innenseite der Kastentüre, in welchem Du die Uniform versorgst. So wirst Du jeden Samstag von neuem Gelegenheit haben, Dich mit diesen Bestimmungen vertraut zu machen; denn sie sind nicht eine Idee von mir, sondern Weisungen der Bundesleitung.

-Bibi-

Soweit der »Suso«, und soweit der vorbildliche Bibi, von dem später noch weiteres berichtet wird. Was mich betrifft, so darf ich bemerken, dass ich mich nicht an Szenen erinnern kann, in denen Pfadi wegen einem lockeren Umgang mit der Uniform gemassregelt worden wären. Vielleicht waren wir eben Ausnahmen, nämlich gut erzogene, brave Buben, die ganz selbstverständlich korrekt zu den Übungen und den anderen Anlässen erschienen.

Es gab daneben aber eben auch den Wilden Westen, und dort ging es ganz anders zur Sache als in Winterthur.

> In Texas lebt ein Sheriff
> der war dafür bekannt
> dass wenn er einmal zugriff
> mit seiner linken Hand
> es Ordnung gab und Ruhe
> in Texas rund umher ...

> Refrain: Good bye Sheriff Küenzi
> fare well and good luck

> Ach je die armen Gängster
> um die war's bald gescheh'n
> s'wurd ihnen angst und ängster
> wenn sie ihn nur geseh'n
> und wenn sein linker Haken
> sie mal so richtig traf
> dann fielen sie wie Schnaken
> fünf Stunden lang in Schlaf ...

Zum Lied auf den legendären Sheriff Küenzi folgen später weitere Informationen.

5

Die Pfadfinder hatten, so stellte ich fest, gemeinsame Erkennungszeichen: Abzeichen auf der Uniform, am Hut, auf der Gürtelschnalle. Sie grüssten sich mit einem besonderen Gruss, dem Pfadigruss, und gaben einander bei der Begrüssung die linke Hand. Sie hatten auch ein eigenes Gesetz, das Pfadigesetz. Und wer Pfadfinder werden wollte, musste das Pfadiversprechen ablegen.

Innerhalb des Stammes lebten die Fähnli im allgemeinen friedlich zusammen. Sie trafen sich zu gemeinsamen Übungen und gingen miteinander an Lager, in die Skilager, in die Sommerlager oder die Lager an Wochenenden. Unter den Stämmen aber herrschte Konkurrenz. Die Stämme der Suso, das sah ich schon bald, trafen sich regelmässig zu Wettkämpfen. Die Hartmannen massen sich in Handball- und in Schwimmkonkurrenzen und in der Truppstafette mit den Kameraden aus anderen Stadtteilen.

Misstrauisch beobachtet erschienen diese unbekannten Völkerschaften, die Wartenseer aus Wülflingen, dann die Goldenberger aus Töss, die wahrscheinlich aufgrund ihres Namens glaubten, besser zu sein als die anderen, und schliesslich die Hohenlandenberger aus Oberwinterthur, denen ich wenig Bedeutung beimass.

Diese Zusammentreffen verliefen nie ganz ohne Spannungen, denn Wettkämpfe waren für uns hochwichtig, und mit grossem Eifer bereiteten wir uns auf sie vor, als wären es olympische Spiele. Waren wir nicht Kämpfer, wollten wir nicht alle die Besten sein, die Tapfersten, die

Stärksten? Sehen wir, was im »Suso« aus dem Jahre 1956 berichtet wird.

TRUPPSTAFETTE 1956

Schon seit einiger Zeit ging ein Flüstern durch den »Blätterwald« – irgend etwas lag in der Luft! Und endlich am Samstag, 30. Juni um 13.45 Uhr wurde der Schleier gelüftet; nämlich als der»Blinde und Lahme« ihre Strecke über den Reitplatz unter die Füsse nahmen. Die Truppstafette hatte die Pfadigemüter bewegt! Leiterwagen – div. Läufer – Velo – Kartenläufer – Gepäckläufer – Talläufer – Velobergsteiger – Rollschuhläufer – und Sprinter lösten einander ab.

Schon kurz nach dem Start gingen die HA in Front. Die anderen Trupps, besonders die Wartenseer, machten ihnen das Leben sauer. Die Konkurrenz war gross. Mit einem leichten Vorsprung auf die Marschtabelle – hier wurde nicht gebummelt – gingen die Schlusssprinter der Trupps in folgender Reihenfolge durchs Ziel auf dem Reitplatz:

1. Hartmanneni	27 05	Bravo !!!!
2. Wartenseer 1	28 55	
3. Neuburger 1	30 00	
4. Goldenberger 1	30 27	
5. Hohenlandenberger		aufg.

6

Die »Suso« war eine katholische Pfadfinderabteilung. In unserer Stadt, das wusste ich, gab es weit mehr Protestanten als Katholiken. In den Schulklassen war man als Katholik ein Aussenseiter, der auffiel, weil er an den Fronleichnamen schulfrei hatte und dann an einer Prozession teilnahm, die bei der neugotischen Kirche St. Peter und Paul begann, und durch das Neuwiesenquartier auf die Schützenwiese führte, wo im Freien eine Messe gefeiert wurde. Die Suso-Pfadi nahmen an diesem frommen und fast etwas provokativen Umzug in Uniform teil.

An religiöse Spannungen kann ich mich nicht erinnern. »Katholisch-rossbollisch« sollen manche gerufen haben, schreibt der Schriftsteller und Suso-Pfadi Jürg Amann in seinen Erinnerungen an seine Jugendzeit in Oberwinterthur. Was dann mit »reformiert-Füdli-verschmiert« zurückgegeben worden sein soll. Zu spüren war aber sehr deutlich, dass die in der »Diaspora« lebenden Katholiken in Winterthur den Zusammenhalt pflegten und ihren Glauben in der reformierten Umgebung zeigen wollten. Die Pfarrer und Vikare in den Pfarreien waren geschätzte und geachtete Persönlichkeiten, die für ein intensives Pfarreileben sorgten und im Religionsunterricht viel von den Kindern forderten.

Mit einiger Bestürzung erfuhr ich im Beichtunterricht, mit neun Jahren, dass es Todsünden gab und ewige Höllenqualen für diejenigen, die im Stande einer Todsünde starben. Und Todsünden gab es viele, schon ein Sonntag ohne Besuch der heiligen Messe konnte möglicherweise

Jahre lang nicht verstand, durften sie mit *et cum spiritu tuo* antworten. Und das seltsame *miserere nobis* bedeutete »Erbarme dich unser«. Auch die Pfadfinder, so tapfer und mutig sie auftreten mochten, waren auf göttliches Erbarmen angewiesen.

Ethnologen könnten uns Knaben beschreiben als Wesen, die gleichzeitig in den unterschiedlichsten Welten lebten. Wir waren in den Wäldern urzeitliche Jäger oder Indianer und in der Kirche fromme Römer, die zu ihrem allmächtigen *dominus* aufsahen und um Erbarmen flehten. Wir waren aber auch edle Kreuzritter und mittelalterliche Mönche und schliesslich in Pfadiuniform auch Mitglied einer Polizeitruppe. Frühere Lebensformen schienen in uns noch lebendig zu sein. – Am Horizont aber erschien eine neue, überaus verlockende Welt, die uns ein schöneres, moderneres Leben versprach, mit Automobilen, Farbfernsehern, Polstergruppen, Soft-ice, Rockmusik, Düsenflugzeugen und unzähligen neuen Göttern und Göttinnen. In der Musikwelt herrschte bereits Elvis Presley, und über die Filmwelt, die mich sehr beschäftigte, muss noch ausführlich berichtet werden.

Bald erfuhr ich auch, was es mit dem seltsamen Namen »Suso« auf sich hatte. Unsere Abteilung war benannt nach einem Heiligen, nach dem Mystiker Heinrich Seuse, der im Mittelalter gelebt hatte und nach den damaligen Gepflogenheiten auf Lateinisch Suso hiess. Im «Suso», dem Mitteilungsblatt der Abteilung, war von Zeit zu Zeit Erbauliches über ihn zu lesen. Ich stellte mir einen Mönch vor, auf einer Insel im Bodensee lebend, einsam, ununterbrochen betend, fastend und sich mit einer Peitsche kasteiend. Er führte ein heiligmässiges Leben, und wer sich berufen gefühlt hätte, hätte ihm eigentlich nacheifern können oder sogar müssen. Aber bei den Hartmannen fühlte niemand eine solche Berufung. Wenn man sich zu etwas berufen fühlte, so war zum Jazzmusiker, Fussballspieler, Vespafahrer, Rennfahrer – oder allenfalls auch zum Schriftsteller.

Jetzt war Heinrich Seuse bei den Heiligen im Himmel, man konnte zu ihm beten und ihn bitten, seine Hand schützend über unsere Pfadiwelt zu halten und für uns Fürsprache einzulegen. Warum gab es früher solche Menschen? Warum gibt es sie heute nicht mehr? Ich wusste keine Antwort und hütete mich auch, über Suso zu sprechen und solche Fragen zu stellen.

Heute könnte ein Suso-Pfadi unschwer im Internet weiteres über das Leben von Heinrich Seuse finden und sehen, dass er nicht heilig- sondern nur seliggesprochen worden ist. Im Wikipedia wird sein Leben beschrieben. Wenn man diese Ausführungen liest, mag man nicht beklagen, dass kein Pfadi dem Mönch nachgefolgt ist. In seiner »Vita« beschreibt er sein Leben:

»Ach, zarter Gott, könnte ich mir doch irgendein Liebeszeichen erdenken, das ein ewiges Liebeszeichen zwischen dir und mir wäre, eine Urkunde, dass ich dein und du meines Herzens ewige Liebe bist, ein Zeichen, das kein Vergessen je vertilgen könnte.« In diesem inbrünstigen Ernst warf er vorn sein Skapulier (in der Mönchstracht ein Überwurf über Brust und Rücken) auf und entblößte seinen Busen und nahm einen Griffel in die Hand und sah sein Herz an und sprach: »Ach, gewaltiger Gott, nun gib mir heute Kraft und Macht, mein Begehren zu vollbringen, denn du musst heute in den Grund meines Herzens geschmelzt werden.« Und fing an und stach mit dem Griffel in das Fleisch an der Stelle über dem Herzen, und stach also hin und her und auf und ab, bis er den Namen IHS genau auf sein Herz gezeichnet hatte. Von den scharfen Stichen strömte das Blut stark aus dem Fleisch und rann über den Leib herab in den Busen. Das war ihm in seiner feurigen Liebe ein so lieblicher Anblick, dass er des Schmerzes nicht viel achtete.

Soviel einstweilen zur Sozialisationsinstanz »Kirche«.

Weiterhin in Hochform befindet sich Sheriff Küenzi.

Und an des Sheriffs Hüfte
da hing ein schwarzes Dings
er schoss nie in die Lüfte
und schoss er selbst mal links ...

Den Sheriff zuzuschauen
war wirklich eine Lust
wie glänzte schön dem Schlauen
der Stern an seiner Brust

7

Dass es neben den Suso noch andere Pfadfinder gab, sahen wir gelegentlich in den Wäldern. Sie trugen andere Foulards, keine weiss-blauen. Wir hatten nie Kontakt mit ihnen, sie wollten uns auch nicht recht gefallen. Sie standen gewiss weit unter uns, waren Fremde, ohne feste Grundlagen, ohne den beruhigenden, seligmachenden Rahmen der Religion. Sie hatten gewiss keinen Kontakt zur Kirche und auch keinen Präses.

Der Präses begleitete die Suso als geistlicher Führer und erschien manchmal eigens im Lager, um die Messe zu lesen. Die Pfadfinder, die vom Samstag auf den Sonntag im Zelt übernachteten, wären ja möglicherweise allesamt der Hölle verfallen gewesen, wenn sie am Sonntagmorgen nicht zur Messe gegangen wären. Wenn ein Messebesuch nicht möglich war, wurde im Wald ein kleiner Altar gebaut und dort eine Messe gefeiert. Der Präses erschien, mit einem Köfferchen, in welchem er die kostbaren Gegenstände mitbrachte, die für eine Messe benötigt wurden, Tücher, Gefässe, Hostien und sogar einen Kelch und ein Fläschchen mit Wein.

Unter den Pfadi liessen sich immer auch Ministranten finden, die dem Präses bei seinen heiligen Handlungen assistieren konnten. Ministrant bin ich nie gewesen, soweit wollte ich nicht Karriere machen, und meine Eltern hielten es auch nicht für unabdingbar, dass ihr Bub feierlich gekleidet vorne am Altar stand und Kerzen hielt oder ein Weihrauchfass schwang. In solchen Fragen war es für mich vielleicht ein Vorteil, dass Mutter und Vater in einer (damals keineswegs gerne gesehenen) »Mischehe« lebten. Mein Vater war reformiert. Er ging nie in die Kirche und wollte vom »Pfarrer« nichts wissen, hatte aber auch nichts dagegen einzuwenden, dass seine Kinder, wie er es bei seiner Heirat versprechen musste, katholisch erzogen wurden. Er schwieg stets bedeutungsvoll, wenn es um kirchliche Angelegenheiten ging. Andere Buben hatten ein katholisches Elternhaus, was den Druck, der von der Kirche herkam, noch verschärfen konnte.

Um Ministrant werden zu können, musste man wohl zu den Brävsten der Braven gehören; mir blieb dieses Ämtlein erspart, und von der Ausbildung und den Erlebnissen der Ministranten kann ich nichts berichten, sieht man davon ab, dass mir einmal ein Bub erzählte, sie hätten in der Sakristei heimlich Hostien gegessen.

Einmal im Monat ging der Trupp in Uniform geschlossen in die Sonntagsmesse, zur Gemeinschaftskommunion. Manchmal beschlich mich dabei ein seltsames Gefühl. Was mochten die Nachbarn denken, wenn sie mich am Sonntagmorgen in Uniform sahen? Ich befürchtete, dass sie mich für einen Verrückten halten könnten. Einen Spinner. Ich war aber kein Spinner, sondern ganz auf dem richtigen Weg, auf dem Weg zum Heil, denn ich ging ja zur heiligen Kommunion. Ich ging, den Leib des Herrn zu empfangen. Ich hatte vorher am Samstagabend gebeichtet und sorgfältig darauf geachtet, bis zum Sonntagmorgen keine Todsünde mehr zu begehen, denn im Zustand der Todsünde durfte die Hostie natürlich nicht empfangen werden. Der Präses freute sich und war stolz auf uns, wenn der ganze Trupp die Kirchenbänke füllte und mit voller Kraft die Kirchenlieder sang. Grosser Gott, wir loben dich!

Alle Engel, die dir dienen,
Rufen dir in selger Ruh:
Heilig, Heilig, Heilig zu!

Das klang wunderbar, grossartig, vielversprechend, auch wenn wir nicht wussten, wer die Cherubinen und Seraphinen waren, die im Himmel den Herrn priesen.

Hatte ich gelesen, was im «Suso» 1955/2 ein Präses schrieb? Vermutlich nicht. Nicht alles, was oben von den »Grossen« gedacht und geschrieben wurde, erreichte auch die »Kleinen«. Aber es wurde so gedacht und so geschrieben, und gewiss hatten es viele gelesen und sich zu Herzen genommen:

Appell vor dem Führer *****
***** Appell vor dem HERRGOTT

Junge Menschen in euerem Alter sind wie elektrisch geladen, wenn sie hören, dass es zu einer tollen Übung geht; dass ‚etwas los ist‘; dass man sich vor einer bäumigen Zuschauermenge zeigen kann. Dann werden die Schuhe blitzblank geputzt, Nestel ersetzt, sollten sie kaputt sein. – Aber am Morgen, vor dem HERRGOTT: da hat der Bub die Schuhe noch nicht gesehen! – Strümpfe, Socken zieht man nur saubere an, das Muster gerade den schlanken Beinen entlang. – Beim Morgengebet hingegen, vielleicht noch einer halbangezogen an den Waden! – Hosen flott gebügelt, Hemd mit allen Knöpfen, die Krawatte sitzt famos. – Aber am Morgen, vor dem HERRGOTT: Knöpfe noch offen, ein Ärmel vorn, der andere halb zurückgestülpt! – Und erst der Kopf. Zum Appell vor dem Führer sauber gewaschen, Ohren geputzt, Haare peinlich gekämmt, damit die Frisur den rassigen Kerl markiert. – Und vor dem HERRGOTT: wie ungepflegt, ein Strubli! – Und fast könnte er singen: vidi aquam! Ich habe das Wasser gesehen! Der Schlaf klebt noch wie ein Vindexpflaster am Kopf, und der Geist ist auf jeden Fall nicht mit einer Düsenjägersgeschwindigkeit droben beim Vater der Lichter, der die Sonnen, Monde, Nebel und Sternenbänder jeden Augenblick in seinen Bahnen hält. Der Bub stottert vielleicht noch das halbwegs gekonnte Kindermorgengebet – und hat wenigstens den guten Willen gezeigt.

Aber mein lieber Pfadi! Siehst Du nicht mit Deiner uniformierten Miene, dass es da noch etwas zu „striegeln" gibt? Ich weiss, dass Du täglich neu darum ringst, es besser zu machen. Lass nicht nach! Heute mehr Wasser am Waschplatz, morgen sauber gekämmt, übermorgen im sauberen Hemd und in den Hosen, nach einer Woche frisch mit dem ganzen Bubenverstand dabei – und dann erst, ja, erst jetzt beten!

Denn Beten am Morgen heisst: zum Appell antreten, was Dein höchster Feldmeister von Dir will. Kaugummimenschen kann der HERRGOTT für seine Pläne nicht brauchen. Da sieht er tagsüber von Dir nur – die Absätze!

Euer Präses wünscht Euch GOTTES reichsten Segen zum heiligen Osterfest!

J.B. Keller, Vikar

8

Wir sind noch immer im Frühjahr 1956. Etwas scheu und zögerlich ging ich zum ersten Mal in Uniform aus dem Haus. Aber irgendwie kam ich mir auch wichtig vor. Ich war ein besonderer Knabe geworden, der sich von seiner Umwelt unterschied. Mit dem Fähnli Leu nahm ich an den samstäglichen Übungen teil. Wer hier als »Venner« Führer war und wie meine Kameraden hiessen, weiss ich nicht mehr. Im Herbst wurde ich in das neugeründete Fähnli Marder versetzt. Die Fähnli besassen einen Wimpel, der bei den Übungen mitgeführt wurde, ein Fähnlibuch, in welchem ihre Taten festgehalten wurden, und auch eine Kasse, die von einem der Knirpse geführt wurde und die auch ich später einmal übernahm.

Anfänglich wollte mir der Pfadibetrieb nicht übermässig gefallen. Schon das Wort Pfadi machte mir etwas Angst, denn es hatte etwas Draufgängerisches, Tatkräftiges, Kriegerisches, das mir nicht so recht gefiel. Aber die Eltern hatten sich durchgesetzt. Es gab keine Einsprachemöglichkeit, so wie es auch später gegen vieles andere keine Einsprachemöglichkeit gegeben hatte, gegen die Schule nicht, gegen das Militär schon gar nicht und auch gegen eine Vielzahl von Vorgesetzten nicht.

Und so war es womöglich ganz lehrreich, eine erste Erfahrung darin zu machen, wie es ist, wenn man irgendwo mitmachen muss, wo man vielleicht lieber nicht mitmachen würde. An den Samstagen konnte ich plötzlich nicht mehr über meine Zeit bestimmen. Fast jeden Samstag gab es eine Pfadiübung. Mit einem «Antreten». Seltsame

Worte waren das, nach denen man sich zu richten hatte. Auch am Wort »Pfadiübung« störte mich etwas. Es wies darauf hin, dass irgendwo etwas geübt werden musste, gewiss nichts Leichtes, sondern etwas Schwieriges, Gefährliches, Anstrengendes.

Es blieb dabei nicht beim Erklären des Kompasses und beim Kartenlesen, das mir immer gefiel, weil ich mich hier problemlos zurechtfand, oft schneller als die manchmal hilflosen Führer, die noch im Militärdienst den Kompass nicht zu handhaben wussten. Es gab Unangenehmeres. Es wurden Zelte aufgestellt, aus schweren Blachen, die sich nur mit Mühe zusammenknöpfen und wieder auftrennen liessen. Es gab das »Abkochen«. Das bedeutete, dass man einen russigen schwarzen Kessel mitschleppte und Tee, Suppen oder Teigwaren. Das hiess auch, dass man dann Wasser holen musste, manchmal von so weit her, dass beim Eintreffen an der Feuerstelle die Hälfte auf dem Weg verschüttet worden war. Man fachte sodann ein Feuer an, schnitzte ein Gestell für den Kochkessel und hatte bald viel Rauch im Gesicht und in den Kleidern. Wenn man nicht geschickt kochte (und wer von den Buben hätte geschickt kochen können), hatte unversehens einen pappigen Brei im Kessel, der ungeniessbar war und den man wegschütten musste. So ass man am Ende nur das Mitgebrachte, einen Apfel oder ein Bürli. Und das Reinigen des verrussten und verklebten Kessels war sodann auch nicht besonders lustig.

Die Übungen fanden meistens im Eschenbergwald statt. Wie gross doch dieser Wald war, wie vielfältig und geheimnisvoll! Dem Buben, der ihn zuweilen auch mit Schulkameraden erforschte, erschien er mit seinen

8,5 Quadratkilometern Fläche weit wie der Amazonasurwald. Und einen Amazonas gab es ja: wenn man nur weit genug vordrang, stiess man auf die Töss, die respektgebietend dahinfloss, ein richtiger Fluss, kein Bächli wie die Eulach oder der Mattenbach, die auf Stadtgebiet in unterirdische Kanäle vebannt worden waren.

An den Übungen im Eschenbergwald wurde auch gemorst, mit dem Morsealphabet, das ich mit Leichtigkeit lernte. Man lernte, mit Seilen umzugehen, stieg auf Bäume und überquerte Bäche, alles Dinge, die mich eigentlich von den Tarzan- und den Indianerbücher her hätten interessieren müssen. Aber wollte ich denn später wirklich auch ein Indianerleben führen? Was bedeutete es, wenn ich Dinge lernen musste, die nur in einem Indianerleben von Bedeutung waren? War es wichtig, mit dem »Schanzknochen« Bekanntschaft zu schliessen, einem tragbaren, zusammenlegbaren Spaten, mit dem man Gräben ausheben konnte?

Eingeführt wurde ich auch in das Krokieren. Äusserst wichtige Kenntnisse, die in weiss Gott was für Situationen das Überleben sichern konnten! In gefährlichen Konflikten, in unwegsamen Gebieten, wo man nie wusste, wo sich die Feinde versteckten, konnte ein gutes Kroki oder die richtige Übermittlung eines Azimutes entscheidend sein. Was für Zauberworte da doch auftauchten. Azimut! Landeskarte! Äquidistanz! Höhenkurven, Koordinaten. – Und einmal, nach Jahrzehnten, war ich dankbar für die vermittelten Kenntnisse, als ich bei einem Unfall in den Bergen der Rettungsflugwacht die genauen Koordinaten unseres Standortes angeben konnte.

Sehr viel später sah ich ein, dass Lernprozesse dieser

Art durchaus nützlich sind. Wir lernten, uns in einer fremden, rauhen Welt zurechtzufinden und zu behaupten und lebten und arbeiteten in einer Gruppe mit den unterschiedlichsten Charakteren. Ausdauer, Selbstbeherrschung, Verantwortungsbewusstein und soziale Kompetenzen können nicht in einer warmen Stube erworben werden.

Woher Sheriff Küenzi kommt, dürfte inzwischen schon allen klar sein:

Der Sheriff der hiess Küenzi
und war aus Winterthur
Wenn sie nicht wollen müenzi's
nicht glauben keine Spur
Er war zwar kein Caruso
und ward doch Polizist
doch war er bei den Suso
was auch nicht übel ist

dort lernte er beim Grüssen
was ihm so glänzend stand
fürs Boxen und fürs Schiessen
die Kraft der linken Hand

Good bye Sheriff Küenzi
fare well and good luck

9

Zu den Ausrüstungsgegenständen, die nun in Ehren gehalten werden sollten, gehörte auch ein kleines handliches Büchlein, der »Thilo«. Dieser »Thilo«, den man immer mit sich führte, in der Pfaditasche, war ein kleines Wunder und unsere Bibel, die alles enthielt, was ein Pfadi wissen musste und für die Pfadiwelt wichtig war. Die Führer behandelten an den Übungen und in den »Höcks«, die unter der Woche an manchen Abenden stattfanden, einzelne Abschnitte daraus mit uns.

Ich liebte Bücher und habe daher das Pfadfinderbüchli sofort und mehr als nötig studiert. Was gab es da nicht alles zu lesen! Auf 270 Seiten alles über Kartenlesen, Kompasskunde, Orientierung nach Sonne und Sternen, Naturkunde, Nützliche Pflanzen, Giftige Pflanzen, Geschützte Pflanzen, Krokieren, Rekognoszieren, Spuren und Fährten, Morsezeichen, Pfaderzeichen, Geheimtinten, Gesundheitslehre, Marschhygiene, Wundverbände, Turnübungen, Lager, Seilkunde, Schweizergeschichte, Schweizerfahne, Bürgerkunde und vieles andere.

Ich komme im Laufe dieser Aufzeichnungen immer wieder auf den »Thilo« zurück. Er hat sich, wie auch der Katechismus, trotz vielem Zügeln bis heute unter meinen Büchern halten können. Ich besitze ihn in der 13. Auflage, die im Jahr 1956 erschienen war.

Ich lernte, dass die Pfadfinder einen Gründer hatten, einen Wahlspruch und Gesetze besassen. So wie Moses von Gott auf dem Sinai Gesetze erhielt, so erhielten die Pfadfinder von ihrem Gründer Gesetze. Diese wurden im

»Thilo« vorgestellt und erklärt. Sie waren nahe verwandt mit den mir bereits bekannten Geboten der katholischen Kirche. Es wurde auch hier viel verlangt, nahezu Übermenschliches, Heroisches! Aber das musste doch wohl so sein. Solche Gebote waren nötig, wenn aus den Buben arbeitsfreudige, lebenstüchtige, nützliche und vor allem auch genügsame Menschen werden sollten, wie sie eben für Winterthur und die Schweiz nötig waren.

Ich war ein ernsthafter Bub und nahm mir sowohl die kirchlichen Unterweisungen wie die Pfadigebote zu Herzen. Pfadfinder zu sein war somit ganz bestimmt etwas Besonderes, Höheres.

Sehen wir uns einige Artikel aus dem Pfadigesetz an, wie sie im »Thilo« vorgestellt werden.

Art. 2. Der Pfadfinder ist treu.

Dem Pfadfinder bedeutet das Vaterland ein heiliges Erbe seiner Väter. In Treue folgt er seinem Rufe. Er ist insbesondere treu seinen Eltern und Angehörigen, seinen Vorgesetzten und Untergebenen und soll durch dick und dünn zu ihnen stehen. Seinem Fähnlein, seinem Stamm (Trupp) hält er die Treue in guten wie in schlechten Tagen.

Art. 3. Der Pfadfinder hilft, wo er kann.

... Früh beginnt er mit der Arbeit an sich selbst, auf dass er bereit sei, wenn es gilt, seinen Mann zu stellen.

...

Art. 7. Der Pfadfinder gehorcht willig.

Art. 8. Der Pfadfinder ist tapfer; er überwindet schlechte Laune.

Wenn die Sonne ihr Antlitz verhüllt, Regen oder gar Sturm einsetzt, ein Pfadfinder bleibt gelassen und summt sein Liedlein vor sich hin. Einer drohenden Gefahr begegnet er mit Entschlossenheit. …

Art. 9. Der Pfadfinder ist arbeitsfreudig und genügsam.

Art. 10. Der Pfadfinder hält sich rein in Gedanken, Wort und Tat.

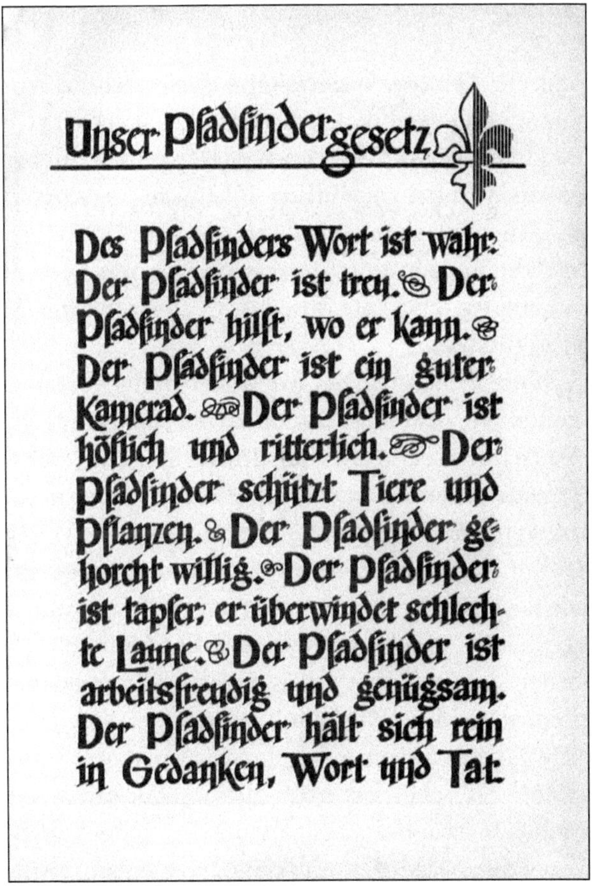

Unser Pfadfindergesetz

Des Pfadfinders Wort ist wahr. Der Pfadfinder ist treu. Der Pfadfinder hilft, wo er kann. Der Pfadfinder ist ein guter Kamerad. Der Pfadfinder ist höflich und ritterlich. Der Pfadfinder schützt Tiere und Pflanzen. Der Pfadfinder gehorcht willig. Der Pfadfinder ist tapfer; er überwindet schlechte Laune. Der Pfadfinder ist arbeitsfreudig und genügsam. Der Pfadfinder hält sich rein in Gedanken, Wort und Tat.

Abb.3

Pfadfindergesetz, aus dem »Thilo«, 13. Auflage, 1956, S. 3.

Anständiges Benehmen und anständige Äusserungen zeichnen einen Pfadfinder aus. Burschen, die unsauber reden oder gar handeln, imponieren ihm nicht. Er rückt von solchen Gesellen ab und bleibt fest. Dies wird ihm um so eher gelingen, je besser er gelernt hat, *sich zu beherrschen.*

Soweit der «Thilo». Was mochte dieser zehnte Artikel bedeuten? Offensichtlich dasselbe wie das sechste Gebot im Beichtspiegel, das die Sünde der Unkeuschheit betraf. Aber was war denn eigentlich unkeusch? Ich wusste das damals nicht so genau, und es wurde mir im Religionsunterricht, in dem sonst vieles erklärt wurde, auch nicht genau erklärt. Ich ahnte nur, dass es etwas mit den Mädchen zu tun hatte.

Auch die Erläuterungen im Katechismus liessen viele Fragen offen: »Zweifelst du, ob etwas eine Sünde gegen die Keuschheit sei, so bitte den Beichtvater um Belehrung und meide unterdessen sorgfältig das, worüber du zweifelst.« Wenn man nicht im Beichtstuhl in grosse Verlegenheit kommen wollte, tat man gut daran, den Begriff der Sünde gegen die Keuschheit sehr weit zu fassen und alles zu vermeiden, was darunter hätte fallen können.

Bei der Unkeuschheit gab es offenbar verschiedene Varianten, sowohl bei den Pfadi wie bei der Kirche. Man konnte unkeusch sein in Gedanken, in Worten und in Werken, und dabei erst noch alleine oder mit anderen. Mit welchen anderen? Das gab mir viel zu denken, denn es waren da unzählige Kombinationen möglich, auch solche, auf die ich nie von selber gekommen wäre.

»Beherrschen« war ein Wort, das ich viel gehört habe.

Beherrschung war etwas ganz Zentrales. Man musste sich im Zorn beherrschen, aber auch bei Genüssen, bei Süssigkeiten, bei Kaugummis oder bei verlockenden Kioskheftchen. Aber wann und wo und in welcher Beziehung musste man sich bei dieser nicht weiter erklärten Unkeuschheit *beherrschen*?

Aber weiter. Was sagt das Pfadfinder-Büchlein sonst noch, im Jahre 1956?

»Der schweizerische Pfadfinderbund bezweckt körperliche Ertüchtigung, geistige Förderung und moralische Festigung der männlichen Jugend. Er will, frei von politischer Bindung, dazu beitragen, ein tapferes, pflichtbewusstes und gottesfürchtiges, dem Nächsten hilfreiches, dem Vaterlande treues Geschlecht heranzubilden.«

Diese Sätze stammen aus einer Zweckbestimmung, die im Jahr 1934 beschlossen worden war.

»Möge er aufwachsen wie im Walde die junge Tanne, deren Wipfel der reinen Luft, dem Licht zustrebt.«

»Die Zukunft des Vaterlandes hängt vom Charakter und der Berufstüchtigkeit seiner Bürger ab.«

Der letzte Satz steht unter einer Zeichnung des Bundeshauses. Lichtjahre trennten mich von ihm und den hohen Persönlichkeiten, die dort unter dem Wahlspruch wirkten »Einer für alle, alle für einen!«.

Daneben vermittelte der »Thilo« auch viele praktische Kenntnisse, die offensichtlich notwendig waren, wenn man im Busch überleben wollte. Mit dem kleinen gelben Büchlein hätte man gewiss eine grosse Urwaldexpedition unternehmen oder auch einen Krieg führen können gegen Eingeborene.

Dem Buben wollte es nicht so recht einleuchten, dass er nun befähigt wurde, Zelte aus Blachen zu bauen, Knoten zu machen und Seile so zu verknüpfen, dass Flüsse und Schluchten überquert werden konnten. Warum musste er das Morse-Alphabet lernen? Warum mussten Meldungen über grosse Distanzen weitergeleitet werden? Und womöglich noch chiffriert? Warum Kälte, Regen und lange Märsche ertragen? Welchen Sinn hatte das alles? Wenn es einen Sinn haben sollte, wenn es zu Anwendungsfällen kommen sollte, dann graute ihm vor diesen Anwendungsfällen. Und wenn es keine Anwendungsfälle gab? War dann das Ganze nicht eine Schinderei und Zeitverschwendung? Dann wäre es doch gescheiter, zuhause in der warmen Stube gemäss den Anweisungen im Helveticus einen Drachen oder eine Wetterstation zu basteln. Oder den «Schweizerischen Robinson» zu lesen oder von Gustav Schwab die «Schönsten Sagen des klassischen Altertums». Und zwischenhinein hätte auch ein schwarzes Heftchen vom Kiosk nichts schaden können.

Aber eben. Mir blieb nichts anderes übrig, als mitzumachen. Und wenn ich schon mitmachen musste, dann machte ich auch brav mit und lernte, was es zu lernen gab. Ich zog aus, mit Karte und Kompass, marschierte, rannte, schätzte Distanzen, lehrte Pflanzen und Bäume kennen, übernachtete im Zelt, kochte ab und atmete in den herrlichen, grossen Wäldern rund um Winterthur eine gesunde wunderbare Waldluft.

Auch die Geheimnisse der Pfaderzeichen lernte ich kennen. Im »Thilo« wurden sie vorgestellt, es gab deren 23. »Pfaderzeichen sollten sich so unauffällig in die Natur einordnen, dass sie nur vom geübten Auge eines Pfadfinders erkannt werden können.« Man fertigte sie mit Ästen, Gräsern oder Steinen an. Sicher waren sie den Indianern bekannt, und vermutlich auch schon den Höhlenbewohnern. Ein Dreieck bedeutete beispielsweise »Gefahr«, zusammengebundene Gräser »Aufgepasst«, ein Rechteck in einem Rechteck »Hier Warten«. Daneben gab es auch Zeichen für Krieg, Frieden, trinkbares Wasser, Briefversteck oder »Drei und zwei haben sich getrennt«. Ein Steinkreis mit einem Stein in der Mitte bedeutete «Heimgekehrt».

»Dieses Zeichen, das wir beim Spielen verwenden und das 'Heimgekehrt' bedeutet, hat am Ende des Lebenslaufes einen ernsten Sinn. Wird einer unserer Kameraden abberufen, setzen wir es. Er ist heimgekehrt zu Gott, in dessen Hand unser aller Leben ruht.« (»Thilo«)

II

Ein Luxus-Pfader war ich nicht, auch kein Nörgeli und kein Kaugummi-Mensch. Es musste aber solche Gestalten gegeben haben. Den Führern fielen sie so unangenehm auf, dass sie sich bemüssigt fühlten, über diese beunruhigenden Verfallserscheinungen zu schreiben:

auch du kennst ihn

den „Luxus-Pfader", der sich so sehr um sein Wohlbefinden kümmert, dass es ihm bei der ganzen Pfaderei eigentlich gar nicht recht wohl ist. Im Sommer, wenn die Sonne so richtig herunterbrennt, ist eine Pfadiübung für ihn eine äusserst unbequeme Angelegenheit. Ausnahmsweise wird er sich vielleicht bewegen lassen, auch an einem heissen Sommertag an einer Übung zu erscheinen. Er muss jedoch Gewissheit haben, nicht auf sein Mineralwasser verzichten zu müssen, oder wenigstens bei jedem Brunnen nach Lust und Laune seinen Durst stillen zu dürfen. Und wenn er dennoch einmal an einer Übung „einen mitgemacht" hat, so wird er sich bestimmt wenigstens auf dem Heimweg am nächsten Kiosk mit einer Glace das Innere des erhitzten Bauches kühlen.

Du wirst dich nun mit Recht fragen, wo mir wohl eine Schraube fehle, da ich jetzt im Winter von den heissen Sommertagen schreibe. Aber eben, die selben, die sich im Sommer um die Strapazen drücken, sind es auch, die beim ersten Anzeichen des beginnenden Winters sich nur noch selten aus dem ach so warmen Stübchen wagen. Und auch in der kalten Jahreszeit haben sie Gelegenheit genug, bei denen sie zeigen können, wie ein Stück Schwamm aussieht, das einen Pfadihut trägt. Wenn der Thermometerstand dem Nullpunkt immer näher kommt, glauben viele, nun sei die eigentliche „Hochsaison" der Pfaderei vorüber.

Das ist die Zeit, wo auf unseren Strassen jene Gestalten auftauchen, mit Pfadihut auf dem eingezogenen Kopf, mit grellfarbigem Pullover und die Hände tief in den Hosentaschen vergraben. In solch komischer Aufmachung schlendern sie dann gemächlich von der Übung nach Hause. Es sind nicht unsere schlechtesten Pfadikameraden, denn sie haben sich wenigstens trotz der Kälte nicht mit faulen Ausreden von der Übung entschuldigt, sondern sich hinausgewagt, wie man es von uns allen erwartet. Aber damit ist eben noch nicht alles in bester Ordnung. Die meisten Leute sehen uns auf dem Weg zur Übung und auf dem Heimweg. Danach beurteilt man uns, wie wir uns dann aufführen. Was wissen denn die Leute von deiner Geschicklichkeit beim Abseilen, was von deiner Ausdauer beim Rennen und was von deinem Mut bei einem handfesten Zweikampf? – Nichts wissen sie davon, denn sie sehen es dir nicht an, wenn du auf dem Heimweg bist. Sie glauben dir auch nicht, dass der heilige Georg dein Vorbild ist. Aber sie sollen es glauben. Zeig es ihnen überall durch dein flottes Auftreten.   Fink

Klagen und Anklagen dieser Art haben ihre Geschichte. Wer sie verfolgen würde, würde auch bei Baden-Powell fündig. Ein typisches Beispiel ist seine Bemerkung, dass die jungen Römer das Reich ihrer Vorväter verloren hätten »by being wishy washy slackers without any go or patriotism in them«. Auf gut Deutsch: »weil sie Wischi-Waschi-Faulenzer waren, Drückeberger, Nichtsnutze, ohne Energie und Patriotismus«.

»Your forefathers worked hard, fought hard, and died hard to make this Empire for you. Don't let them look down from heaven, and see you loafing about with hands in your pockets doing nothing to keep it up«. – Solche Sätze fanden sich 1908 in Robert Baden-Powells »Scouting for Boys«, das mit einer Gesamtauflage von etwa 150 Millionen Exemplaren zu den meistgedruckten Büchern der Welt gehört. Wir kannten dieses Werk nicht, hatten aber als unsere Bibel stets den «Thilo» bei uns, der gewiss aus den Quellen geschöpft hatte, die Baden-Powell fliessen liess.

12

Sehr bald lernte ich, dass es in der Pfadi eine Hierarchie gab, ein Unten und ein Oben. Es gab Abzeichen und Grade, die von Stufe zu Stufe schwieriger zu erreichen waren. Ganz am unteren Ende gab es den JPK, den Jungpfadfinderkandidat, der kein Abzeichen trug. Nach der Jungpfadfinderprüfung durfte der JP eine Metallilie vorne am Hut tragen, und nach dem Versprechen auch eine rotweisse Stofflilie über der linken Tasche. Dann folgte der Pfadfinder, der auf dem rechten Oberarm einen grünen, fünfstrahligen Stern trug, und der Oberpfadfinder, der OP, mit einen roten Stern. Der Jungvenner erhielt einen perlgrauen, senkrechten Streifen auf die linke Brusttasche, und der Venner sodann am gleichen Ort noch einen Streifen zusätzlich. Und der Venner, aber nur der Venner, durfte auch eine graue Pfeifenschnur tragen, die um das Halstuch gewickelt wurde. Der Truppleiter war Jungfeldmeister, JFm, und trug auf dem Hute links eine Ringlilie auf rotem Grund und an der linken Schulter eine rote Pfeifenschnur.

Die Buben staunten, wenn sie im «Thilo» auf zwei Farbseiten diese Abzeichen besahen. Und besondere Ehrfurcht erfüllte sie, wenn sie die vielen verschiedenen Lilien und Pfeifenschnüre der höheren Führer erblickten. Die Pfeifenschnüre waren grünschwarz, grüngelb, violett, grünrot, rotschwarz, rotweiss und – für den Bundesfeldmeister – weiss mit roter Schlaufe. Prüfungsstoff waren sie glücklicherweise nicht.

Die Grade, die es weiter oben noch gab, bis hinauf zum

BFm, dem Bundesfeldmeister, gehörten einer Sphäre an, von der ich bis ans Ende meiner Pfadizeit kaum etwas hörte oder sah als eben die Abbildungen ihrer Pfeifenschnüre. Das war weiter nicht verwunderlich, denn so verhielt es sich ja auch bei allen höheren Rängen in unserer Gesellschaft, in Politik, Kirche, Wirtschaft oder Bildungswesen. Von der Existenz eines Nationalrates oder Bundesrates konnte ich mir keine Vorstellung machen, einen Bischof sah ich einmal im Leben, und Erzbischöfe, Kardinäle oder gar den Papst nie. Dass es zum Beispiel Erziehungsdirektionen gab, die Lehrpläne und die Inhalte der Lesebücher festlegten, davon hatte ich keine Ahnung. Aber war es nicht gut und erwünscht, dass es Leute gab, die Vorschriften erliessen, Bücher wie den «Thilo» oder den Katechismus verfassten? Und für Ordnung sorgten? Wir lächelten daher nicht über diese Pfeifenschnüre, sondern hatten Vertrauen zu diesen Obrigkeiten, die bestimmt klug und verantwortungsbewusst handelten, ganz so, wie sie es eben auch in ihren Verlautbarungen von den Buben forderten.

Dass ich nun am Samstagnachmittag an eine Übung ging, in Uniform, mit Polizeihut, mit Antreten und Abtreten, nahm ich hin, ohne weiter über diese Dinge nachzudenken. Ich lernte die geheimnisvollen Zeichen der Pfadfinder kennen, den Pfadigruss mit den drei ausgestreckten Fingern und mit der linken Hand, die näher beim Herzen liegt. Es musste dies wohl alles so sein, die Welt war so eingerichtet. Vieles musste zusammenkommen, aus Jahrtausenden und anderen Kontinenten, damit der kleine Pfadfinder ausgerüstet und ausgebildet zu seinen Übungen antreten konnte.

Erst heute lese ich, dass der Pfadigruss vermutlich afrikanische Wurzeln hat. Baden-Powell soll die folgende Legende zu Ohren gekommen sein:

»Der Erzählung nach soll es zwei benachbarte Stämme gegeben haben, welche stets Streit hatten und erbitterte Kriege gegeneinander führten. Eines Tages aber war einer der beiden Stämme des Konflikts überdrüssig und man entschied, sich mit den ungeliebten Nachbarn zu einigen. Nach einer gewissen Zeit trafen die beiden Streitvölker wieder aufeinander. Anstatt jedoch eine bewaffnete Auseinandersetzung zu suchen, warf das Oberhaupt des friedlich gesinnten Volkes seine Waffen weg und reichte als Zeichen seiner Freundschaft und seines Vertrauens seinem Gegenüber die linke Hand. Immer wenn man von nun an mit der linken Hand begrüsst wurde, wusste man, dass es um freundschaftliche Begegnungen ging und konnte dies auch als eine Art geheimes Erkennungszeichen verstehen.«

13

Trotz der Uniform, die den Vorschriften entsprach, war ich noch kein richtiger Pfadi. Ich hatte aussser der Pfadililie und einem merkwürdigen Kreuz, das Malteserkreuz hiess, das ich am Ärmel trug, noch kein Abzeichen, das mir einen gewissen Status verliehen hätte. Immerhin aber prangte das Malteserkreuz am Ärmel. Was es zu bedeuten hatte, erfuhr ich schon bald. Ein Artikel im »Suso« erklärte es mir.

»Das Malteserkreuz war das Feldzeichen der alten Johanniter- oder Malteserritter in der Zeit der Kreuzzüge. Das heilige Land war von den Türken erobert worden. Diese schändeten die Heiligtümer, die uns Christen teuer sind, weil Jesus dort gelebt und gelitten hat. Es ging damals eine gewaltige Welle der Empörung durch ganz Europa: Diese Schmach wollte man sich nicht gefallen lassen. Der Papst rief die Christenheit auf, die hl. Stätten zu befreien. Mit grosser Begeisterung wurde dieser Ruf aufgenommen. Wer bereit war, in den Kampf um das hl. Land zu ziehen, heftete sich ein Stoffkreuz auf die Kriegsrüstung. In sieben grossen Kriegszügen marschierten die christlichen Ritter und Krieger gegen die Türken und eroberten nach unvorstellbaren Mühsalen und Strapazen die hl. Stadt Jerusalem. Bei diesen Kämpfen zeichneten sich ganz besonders die Malteserritter durch ihre Tapferkeit aus: Wo immer die eisengepanzerten Ritter im wallenden, schwarzen Mantel erschienen, da ging es den Ungläubigen schlecht. Diese Ritter bildeten zusammen eine Ordensgemeinschaft. Sie waren nicht Priester, sondern Krieger. Sie hatten sich aber durch ein Gelübde zum Schutz des hl. Landes verpflichtet. Die Malteserritter, mit ihrem Hauptsitz auf Malta, haben sich bis heute erhalten.

Diese Träger des Malteserkreuzes waren unerschrockene, wackere Männer, die für eine heilige Sache kämpften, die Gut und Blut einsetzten für das heilige Land. – Du trägst das gleiche Malteserkreuz auf Deinem linken Oberarm. Dieses Kreuz ist heute das Ehrenzeichen der katholischen Pfadfinder geworden. Auch wir wollen ritterlich sein: tapfer und unerschrocken, Kämpfer gegen alles Böse, Beschützer der Schwachen. Vor uns liegt ein heiliges Land, das wir erobern müssen: Unsere Zukunft, unseren Beruf, unsere Einstellung zu Gott, Kirche und Vaterland, zu unseren Mitmenschen. Erobern wir dieses Land als Ritter! Unser Malteserkreuz erinnert uns daran, tragen wir es mit Stolz!

Unser Jahresmotto soll daher sein:

Ritterlichkeit

Die Ritter waren verpflichtet, täglich jemandem einen Dienst zu erweisen. – Wir haben versprochen, täglich eine gute Tat zu begehen! Jeder von uns hat jeden Tag mehrere Male Gelegenheit, eine gute Tat auszuführen.«

Was mochten wir Buben gedacht haben, als wir diese Ausführungen lasen? Später vernahm ich über die Ritter und die Kreuzzüge mehr und anderes, das erheblich von den obigen Ausführungen abwich.

Ich trug stolz das Malteserkreuz, aber ein anderes Abzeichen fehlte. Ausserdem hatte ich ja auch noch keinen Pfadinamen. Es dauerte ein halbes Jahr, bis zum Bundeslager 1956, bis ich ein vollwertiger Hartmann wurde und mir die weitere Pfadi-Laufbahn offenstand.

14

Was es nicht alles im «Thilo» zu lesen gibt. Eine Welt tut sich auf, und den direkt angesprochenen Buben wird der rechte Weg gezeigt.

»Du sollst die Natur und die Heimat kennen lernen. Du wirst in viele Geheimnisse eingeweiht, die andern ewig verschlossen bleiben, weil sie ihre Augen nicht aufzutun verstehen. Du wirst das Leben unserer Tiere und Pflanzen kennen lernen und die geheimnisvolle Stimme der Nacht hören, den Jubel der Natur beim Anbruch des neuen Tages erleben und Dich all der Herrlichkeiten erfreuen, die der volle Tag, sei er sonnig oder trüb, Dir bereitet.«

»Und noch etwas will Dir dieses Büchlein zeigen: unser Spiel ist eine Lebensschule. Es will Dir den Weg beschreiben, wie Du lebenstüchtig wirst.«

Abb. 4
Lord Robert Baden-Powell of Gilwell, Gemälde von David Jagger,
1929. Im »Thilo« in Farbe, S. 1.

54

Im »Thilo« wird auch Robert Baden-Powell vorgestellt, der Gründer der Pfadfinderbewegung. Auf der ersten Seite wird das von David Jagger 1929 gemalte Porträt in einer farbigen Abbildung reproduziert. Von Bildern kann eine grosse Wirkung ausgehen, Bilder können mehr als Worte sagen und unsere Vorstellungen von einer Person nachhaltig prägen. Dieses Porträt, das weltweite Verbreitung gefunden hat, hat gewiss Generationen von Pfadfindern tief beeindruckt. Ein Vorbild steht vor uns, eine berühmte Persönlichkeit, der Inbegriff des idealen Pfadfinders. Dass er zweiundsiebzig Jahre alt ist, sieht man ihm nicht an. Ruhig steht er da, leicht nach rechts gedreht, gelassen, aufmerksam, die kräftigen Arme vor der Brust verschränkt. Es ist tiefe Nacht, auf ihn aber fällt Licht. Vielleicht von einem Lagerfeuer? Wohin blickt er wohl? Beobachtet er *scouts*, die ein Lager einrichten oder eine Seilbrücke bauen? Überlegt er sich, ob er selber helfend eingreifen soll? Oder steht er vor einem *Jamboree*, einem internationalen Pfadfinderlager, mit Tausenden von Teilnehmern aus aller Welt? Mir will scheinen, dass Baden-Powell hier nicht als Militärperson und Kriegsheld auftritt, sondern als Erzieher und Freund. Kritische Historiker mögen sich freilich fragen, ob dieses Bild nicht eine Inszenierung ist, die die militärischen Hintergründe verschleiert.

Mir gefiel sein exklusiver, vornehmer Name. War er nicht vielleicht auch ein Lord? Mit Interesse las ich von seinem ungewöhnlichen, ganz unschweizerisch abenteuerlichen Lebensweg.

Wer nach seinem Namen gefragt wurde, musste wissen, wie man diesen aussprach. Baden-Powell war nämlich ein Engländer, und sein Name wurde englisch ausgesprochen. Diejenigen, die es zu wissen glaubten, sagten «Beidnpaul». Ich sprach ihnen nach, so gut es ging. Es war nicht mein erster englischer Name, denn es gab ja auch noch Jerry Cotton, Walt Disney, Chuck Berry und die Young Fellows und die Young Boys.

England war mir auch bekannt wegen der Königin, deren edles Antlitz auf den Briefmarken zu sehen war. Wichtig war England auch, weil es das Mutterland des Fussballs war. Die Fussballreporter verwendeten unzählige englische Begriffe und sprachen von Corners, Penalties, Fouls oder Goalies. Und englische Fussballklubs waren mir bestens bekannt, weil manchmal Spiele aus England auf dem schweizerischen Totozettel zu finden waren. Ich kannte sie alle: Everton, Wolverhampton Wanderers, Huddersfield Town, Hull, Sheffield United, Sunderland, Westbromwich Albion, Tottenham Hotspurs, Blackburn Rovers.

Wer Mühe hatte mit der Ausprache von »Baden-Powell«, konnte auch eine Abkürzung verwenden. Er durfte »BiPi« sagen, »biihphii«, das klang natürlich sehr gut und ganz vertraut, ganz wie wenn man bei Mafeking dabeigewesen wäre. An den Prüfungen werteten die grosszügig lächelnden Führer diese Antwort als richtig.

»1895 erging an Bi-Pi der Auftrag, eine Strafexpedition gegen den unbotmässigen und grausamen Ashantihäuptling Prempreh durchzuführen.

Er liess seine Leute grosse Ritte und Kundschaften ausführen, wobei sie vollständig auf sich allein gestellt waren. Die Uniform bestand aus dem braunen Cowboy-Hut, Halstuch und Khakihemd. Die südafrikanische berittene Polizei wurde zur Elitetruppe.«

»Die Schwierigkeiten der Soldatenerziehung führten ihn immer mehr auf Probleme der Erziehung überhaupt und damit vor allem auf Fragen der Jugenderziehung. Bi-Pi wusste, dass die Erziehung zum vollwertigen Mann und guten Staatsbürger nicht erst mit der Rekrutenschule beginnen darf. Er fragte sich, ob nicht jene Art der Ausbildung, die er in seinem Büchlein beschrieben hatte, die Erziehung durch Eltern, Schule und Kirche wertvoll ergänzen könne. Was er dort über Anschleichen, Spurenlesen, Orientierung im unbekannten Gelände, Leben in der Wildnis ohne fremde Hilfe usw. geschrieben hatte, musste doch, so dachte er, wertvolle Eigenschaften im Jugendlichen wecken und fördern.«

»1912 verheiratete er sich, 54jährig, mit Miss Olave St. Clair Soames, die für die Pläne ihres Gatten grösstes Verständnis zeigte. «

Auch im »Helveticus«, dem jährlich erscheinenden Jugendbuch, das ich immer zu Weihnachten geschenkt bekam, wurde 1957, dem Jahr seines 100. Geburtstages, Baden-Powell vorgestellt:

»Lord Baden-Powell, 1857-1957. Der Begründer der Pfadfinderbewegung.«

»Vor 50 Jahren erst ist das erste Pfadilager abgehalten worden, damals ein ungeheures Wagnis. Noch herrschte zu jener Zeit die Meinung, nur Zigeuner und Bettler nächtigten im Freien, ja, man war über den technischen Fortschritt so stolz, dass es allgemein für absurd gehalten wurde, auf den häuslichen Komfort freiwillig zu verzichten.

Da lebte aber damals in England der einsichtige Robert Baden-Powell, der erkannt und erfahren hatte, dass die jungen Burschen einfach Gelegenheit haben müssen, sich selbst durchzuschlagen, aus den Industriequartieren herauszukommen, in der freien Natur ihre Sinne zu schärfen und all das zu erlernen, was ein ganzer Mann wohl im Leben braucht: Selbständigkeit, Kameradschaftsgeist, Pflichtgefühl, praktischen Sinn. Und dafür schien ihm das Pfadfinderleben am besten geeignet.

Er erlebt viele grosse Abenteuer, absolviert die Militärschule von Sandhurst, wird Unterleutnant in einem Kolonialregiment in Indien, gerade zu der Zeit, als es gegen aufrührerische afghanische Stämme auszieht. Roberts Vorgesetzte werden auf seine ausserordentlichen Fähigkeiten als Späher aufmerksam. Dann studiert er in Zululand die geographischen Verhältnisse, wird Stabschef des Gouverneurs von Malta, zieht ein gutorganisiertes Freizeit- und Fürsorgewesen auf, taucht in Italien, Griechenland, im Balkan, in der Türkei, in Serbien und Österreich als Spion auf. In einer Sondermission gelingt es ihm und seinem Bruder, bei St. Petersburg sozusagen vor den Augen des Zaren den Russen ein militärisches Geheimnis abzujagen. Dann bricht der Burenkrieg aus, und er wird als Verteidiger von Mafeking in aller Welt bekannt. Er beherrscht alle nur erdenklichen Mittel der Täuschung und Überraschung und wird General und schafft die legendär gewordene südafrikanische berittene Polizei.

Baden-Powell durchstreift als Späher im Matabeleland, er untersucht Fussabdrücke, beriecht ein Blatt des Mahobahoba-Baumes, das nach Eingeborenenbier riecht, berechnet Wegstrecken, und es gelingt ihm, vom Versteck der Aufständischen wertvolle Beobachtungen zu machen, ohne behelligt zu werden, so dass das Nest alsbald ohne eigene Verluste ausgehoben werden kann.«

Es ist hier nicht der Ort, weiteres über Baden-Powell zu berichten. Vieles müsste noch gesagt und der geschichtliche Rahmen eingehend beschrieben werden. Sein Leben und sein Werk entstand vor dem Hintergrund der britischen Kolonialkriege und den lebhaften Diskussionen über den möglichen Niedergang des British Empire, der nur aufgehalten werden konnte, wenn eine Jugend heranwuchs, die bereit war, das Land zu verteidigen.

Der Thilo vermittelte auch Schweizergeschichte.
»Löwendenkmal in Luzern. – Im Jahre 1792 brach in Frankreich die Revolution aus und fegte den Thron der Bourbonen weg; trotz der tapfern Verteidigung durch die Schweizergarde im Tuilerienschloss zu Paris, welche, ihrem Eide getreu, für den König fiel, gelang es nicht mehr, Ludwig XVI. zu retten, er starb auf der Guillotine.«
Da ich keine weiteren Informationen besass und kein Wikipedia zur Verfügung stand, in welchem heute die tragischen und zum Teil sinnlosen Vorfälle ausführlich dargestellt werden, glaubte ich ohne weiteres, dass der französische König natürlich nur heldenhafte Soldaten, die besten der Welt, zu seinem Schutz einstellen konnte. Und das waren eben Schweizer, die bekanntlich auch in Morgarten und in St. Jakob an der Birs gekämpft hatten und den Heldentod nicht scheuten. Hiess es nicht auch in der Nationalhymne, die vor den Spielen der Nationalmannschaft gesungen wurde »froh noch im Todesstreich, Schmerz uns ein Spott«?

Dem kritischen Historiker mögen die Haare zu Berge stehen, wenn er auf diese und andere Geschichtsbilder stösst. Sie entsprachen aber dem damaligen Zeitgeist und wurden von uns aufgenommen ohne den kleinsten Zweifel daran, dass es genau so war und sein musste, wie es uns eben berichtet wurde. Und sogar mit einiger Begeisterung und einigem Stolz.

15

Ich lernte weiter fleissig die Dinge, die an der Jungpadfinder-Prüfung abgefragt wurden. Wie hiess schon wieder der Gründer der Pfadfinderbewegung? Und wie heissen die sieben Bundesräte? Auch auf das Versprechen bereitete ich mich vor, fast wie auf die Erste Kommunion. Das Versprechen war wie tausend andere Dinge im »Thilo« zu finden, mitsamt Erläuterungen.

Ich verspreche auf meine Ehre und mit der Gnade Gottes nach Kräften zu sein:

Treu Gott und dem Vaterland
Hilfreich dem Nächsten
Gehorsam dem Pfadfindergesetz

Und schon bald hatte ich ein erstes Amt bekommen, nämlich das des Kassiers. Jedes Fähnli besass eine Kasse, in die jeder 50 Rappen pro Monat einzahlte. Ich führte genau Buch und war sehr stolz, wenn ich so manchmal den enormen Betrag von 15 oder 20 Franken in einer kleinen Schachtel behüten konnte. Der Schatz verschwand aber schnell wieder, wenn Geld für besondere Anlässe, Einkäufe oder zur Bezahlung der Versicherungsprämien benötigt wurde.

Aber tragen wir auch immer Sorge zur Uniform? Wie sieht der Pfadihut aus? Auch dazu sind im »Thilo« Anweisungen zu finden.

»Der Pfaderhut wird vielfach zuwenig gepflegt, Wellblechhüte sind ein Greuel. Um dem aus der Form gekommenen Hut wieder einen flachen Rand zu geben, lege man ihn auf ein ebenes Brett, bedecke den Rand mit einem feuchten Tuch und bügle ihn mit einem heissen Eisen aus.«

Was die »Wellblechhüte« betrifft, so war die Sache längst nicht so einfach, wie sie der «Thilo» sah. Wer nämlich mit einem vorschriftsgemäss gepflegten, tadellosen Hut erschien, wurde zuweilen belächelt und verspottet. Ein richtiger Pfader war doch soviel unterwegs, bei jeder Witterung, bei Sturm und Regen, dass sein Hut niemals so aussehen konnte, als käme er neu aus der Fabrik. Die Reputation eines Pfaders war höher, wenn sein Hutrand gewellt war, und wer auf sich hielt, war dafür besorgt, dass dieser stets gewisse Wellen aufwies.

Und wie ist unser Auftreten? Es muss selbstverständlich tadellos sein.

»Für die grosse Gemeinde der Pfadfinder gelten bestimmte Regeln über Gruss und Auftreten. Ein Pfader, der schlampig daherkommt oder sich rüpelhaft benimmt, schadet unserem Ansehen. Man nehme ihn am Säu-Ohr.«

Gewisse Freiheiten sind aber gestattet:

»Sofern es die Witterung gestattet, werden die Ärmel des Hemdes aufgestülpt, lange Ärmel an schönen und warmen Tagen wirken unpfaderisch und nachlässig.«

Selbstverständlich müssen auch die Schuhe sauber sein. Dazu das »Suso«-Mitteilungsblatt:

»Bei einer besonderen Gelegenheit bemerkte unser verstorbener Chief Bi-Pi, der ein ganz guter Menschenkenner war, dass die Schuhe der Spiegel der Seele seien. Wer also mit unsorgfältig geputzten Schuhen herumlaufe, werde nie einen vorzüglichen Charakter besitzen.

Ich glaube, es ist an der Zeit wieder einmal festzustellen, dass ein Pfader seine Schuhe selbst putzt und glänzt, die Schuhbändel ersetzt undsoweiter und damit seiner Mutter eine Sorge abnimmt.«

Das Morsen war eine seltsame Angelegenheit. Wir bekamen Stäbe und Tücher, die so entfaltet werden konnten, dass sich grosse Scheiben ergaben. Der morsende Pfadi erhielt zwei Scheiben, mit denen er die Dienstzeichen bilden konnte, die aus Punkten und Strichen bestanden. Eine Scheibe, mit der rechten Hand erhoben, ergab einen Punkt, zwei Scheiben, je rechts und links mit ausgestrecktem Arm gezeigt, bedeuteten einen Strich. Für alles war gesorgt, für Buchstaben, Zahlen und Interpunktionen. Häufige Buchstaben konnten schnell wiedergegeben und entsprechend schnell auch eingeprägt werden.

$$e = . \qquad\qquad t = -$$
$$i = .. \qquad\qquad m = --$$
$$s = ... \qquad\qquad o = ---$$

Seltenere Buchstaben verlangten grössere geistige Anstrengungen und bestanden aus bis zu vier Punkten und Strichen.

$$p = . - - . \qquad y = - . - - \qquad x = - . . -$$

x und p und einige weitere Zeichen hiessen, nach einem Ausdruck des Verteidigers von Mafeking, Sandwich-Buchstaben. Wer mehr erfahren will, konsuliere einen »Thilo«, der auch einen Rat gibt, wie man sich die Zeichen einprägen kann:

»Zu Hause schreibst du von Zeit zu Zeit eine Seite

eines Buches in Morse und entzifferst sie am folgenden Tag.«

Und für jene, die den Nutzen des Morsens anzweifeln sollten, ein Hinweis auf eine ganz besonders originelle Anwendung:

»Bi-Pi zog sich aus einer heiklen Lage, als er sich unter Anwendung des Morsesystems mit einem Freunde nur durch Augenblinzeln verständigen konnte.«

Ein grosses Ereignis, das Bundeslager in den Freibergen, rückte näher. Auch die Suso-Pfadfinder wollten dort selbstverständlich vertreten sein. Meine Eltern vertrauten den tüchtigen Führern und meldeten den Zehnjährigen an, der ja schon seit einigen Jahren »Campingerfahrung« besass. Unsere kleine Familie hatte viele Wochenenden auf dem Zeltplatz in Gütighausen an der Thur verbracht und Campingferien in Silvaplana und Montana. Im »Suso« erschien die folgende Vorschau:

Lagervorschau der Hartmannen
Das Bundeslager steht vor der Tür. Und hast Dir vielleicht auch schon überlegt, was es da Neues zu erleben gibt? Nun, die erste Überraschung wird wohl die Bahnfahrt durch die romantischen Juraschluchten sein. Wir Hartmannen schlagen unsere Zelte im Lager Gruère – Unterlager »Natur« – auf. Wir werden von Anfang an die grösste Aufmerksamkeit der Natur schenken, befinden wir uns doch am Rande eines Naturschutzgebietes nahe beim See. Im Lager selbst widmen wir uns in den ersten Tagen dem Lagerbau. Wir erhalten ja genügend Bauholz und jeder Pfader kann mit wenig Fantasie etwas brauchbares basteln. Unsere drei Fähnli beteiligen sich selbstverständlich auch am Fähnliwettkampf. Die Venner haben die Aufträge so gewählt, dass sie im Lager selbst verwertet werden können: Die Wölfe bauen ein ganzes Elektrizitätswerk. Sie geben sich alle Mühe, während 10 Tagen eine tadellose Beleuchtung zu besitzen. Die Bären

beschäftigen sich mit einem anderen Problem:»Wie man sich bettet, so liegt man«. Sie bauen zuerst einen Webstuhl und dann gibt es Strohmatten, wie man sie beim besten Möbelhändler nicht finden kann. Die Puma können sich rühmen, am meisten Holz zu verschlingen. Mutz, unser Küchenchef, versprach mir eine 3 m lange Küche. Das Kochen soll hier so bequem sein! Ausser der Holzfeuerung ist der Herd nicht von einem Hotelherd zu unterscheiden. An diesem perpetum mobile kann jedes Fähnli abwechslungsweise kochen. Unser Lagerarchitekt hat bereits einige Skizzen und Pläne gemacht. Auf den Wetterbericht von Beromünster können wir im Lager verzichten. Unser Stamm wird die genaueste Wetterbeobachtungsstation der Schweiz bauen. Die Schlechtwetterwolken sind den Puma genügend bekannt. Am Lager befreunden sie sich lieber mit den »Blumenkohlwolken«. Einen ganzen Tag verbringt unser Trupp auf dem Werkplatz Natur. Am Etang können wir Tiere beobachten, können sie photografieren und von ihren Spuren Gipsabdrücke herstellen. Durch Mikroskope lernen wir die kleinen Tierchen und Pflanzenteile kennen.

Am Dienstag unternehmen wir eine Rundreise über den Chasseral an den Bielersee. Eine Schmugglerübung, die JP-Prüfung mit Taufe bringen uns aus dem Lagergelände an den tosenden Doubs hinunter. Daneben werden wir natürlich auch signalisieren und Seiltechnik treiben. Zum Lagerabschluss denken wir uns noch 1000 Jahre zurück in die Jagdgründe von Wildtöter und Lederstrumpf. Jeder wird sein Hirschlein selber jagen, wird vielleicht eine Nacht unter Waldläuferzelt verbringen. Während dem Lager nehmen wir mit anderen Pfadikameraden

Verbindung auf, dazu sollen hauptsächlich die Fähnli-
übungen dienen. Ausser dem grossen BuLa-Lagerfeuer
am 1. August sitzen wir noch einige Male um das Feuer
und erzählen uns schauerliche Geschichten, umrahmen
sie mit Produktionen und lustigen Liedern, die Ihr hof-
fentlich noch wacker lernt.

Quak

Und weiter aus dem »Suso«:

Beherzigen wir, was uns Bi-Pi sagt.

Lebensfroh, mutig, offen und bereit überall und jedem
zu helfen und sei es auch nur durch ein freundliches Wort.

18

Die Lagerwelt wurde auch im »Thilo« beschrieben. Ich las aufmerksam, was dazu zu finden war. Wenn man sich an diese Anweisungen hielt, konnte es nur gut kommen.

»Der Rekognoszierungsmarsch. – Hier gilt, wie für jeden Marsch, dass man sich zweckmässig ausrüsten soll, die Kleidung sei eher leicht, frische Strümpfe und Socken, gute, aber nicht nagelneue hohe Schuhe sind von Vorteil, an Ausrüstung nehme man nur das Notwendigste mit, etwas Ersatzwäsche, Schutz gegen Regen, Proviant, Dufour- und Siegfriedkarten, Uhr, Kompass, Taschenlaterne, Bleistift, Notizblock und ein kariertes Heft für den Bericht.«

»Das grösste Erlebnis jedes Pfadfinders ist das Lager, nur zu rasch vergehen die Tage, Touren, Lagerfeuer, Spiele und Wettkämpfe wechseln in bunter Folge ab, im Lager wirst du wirklich ein ganzer Pfader und lernst, dich mit einfachen Mitteln selbständig durchzuschlagen.«

»Für jedes Lager gelten jedoch einige Grundregeln, die wir beachten wollen. Das Lager darf nur mit Erlaubnis des Leiters verlassen werden. Im Lager soll jederzeit gute Ordnung herrschen. Unerwünschte Besucher sind von den Führern oder den Vennern, nicht von Jungpfadfindern, wegzuweisen. Es ist unkameradschaftlich, den zufällig in der Nähe liegenden Stämmen das Lager zu verwüsten.«

»Wenn die Gluten verlöschen, singen wir ein Abendlied und gehen still in unsere Zelte.«

Hören wir dazu weiter auch noch BiPi:

»Ein Lager ist ein geräumiger Ort, und doch ist darin für einen gewissen kein Platz, und das ist der Kerl, der an all den kleinen Arbeiten, die verrichtet werden müssen, nicht teilnehmen will; es ist kein Platz für den Drückeberger und 'Brummer'. Was sage ich? Es ist in der ganzen Pfadfinderbewegung kein Platz für ihn vorhanden, am allerwenigsten aber im Lager.

Jeder Bursche muss mithelfen, und zwar freudig, damit es für alle behaglich wird. Auf diese Weise wächst Kameradschaft heran.«

Was erwartete demnach den Buben in den Jurawäldern?

19

Übungen im Messerwurf. Lange Stunden stehen wir vor einem Baum im Wald und versuchen, den Dolch so zu werfen, dass er steckt. Das will und will uns nicht gelingen, der Dolch will nicht so fliegen, wie wir es wünschen. Immer wieder prallt er vom Baum ab. Aus uns könnte niemals ein Indianer werden. Höchstens mit dem Beil gelingt uns manchmal ein erfolgreicher Wurf, wenn wir die Drehungen des Beiles genau berechnen und uns in der richtigen Distanz vor dem Baum aufstellen. Aber das reicht nicht, um in den Kreis der Krieger zu treten, die ihre Tomahawks gegen Gefangene werfen, die an den Marterpfahl gebunden sind, und dabei darauf achten, dass sie haarscharf an den Schläfen oder Schultern vorbei ins Holz fahren.

Die Pfadfinder haben Wurzeln, denke ich manchmal, die weit in frühere Zeiten zurückreichen. Wir hatten wohl immer zu wählen zwischen zwei Existenzformen: dem einsamen, unabhängigen, furchtlosen Waldläufer und Jäger, dem Robinson, dem Lederstrumpf, und dem in einer Kleingruppe aufgehobenen Menschen. Was mich betrifft, so hat mich immer auch die erste Existenz fasziniert, während mir die zweite Form, das Leben in der Gruppe, schwieriger erschien. Hing es doch ganz von der Zusammensetzung der Gruppe ab, ob man sich wohl oder unwohl fühlen konnte. Nicht allzu oft habe ich mich in Gruppen wirklich wohl gefühlt, nicht in den Schulklassen, nicht im Militär und nicht im Berufsleben.

Fühlte man sich als ängstlicher, uniformierter Knirps wohl unter Oberpfadern und Rovern, behütet von einer Lagerleitung, die aus Herren bestand, die mit mir unbekannten farbigen Pfeifenschnüren herumliefen? Stand man nicht immer unter Druck? Hatte man nicht immer viel zu lernen? Pfadfindertechniken? Musste man nicht überall hinterherrennen, beim Frühturnen, bei Wettkämpfen, Märschen und Ausflügen? Und dazu hatte man noch an seinem Charakter zu arbeiten, musste ein vorbildlicher Mensch werden und das Pfadfinderversprechen und die Pfadfindergebote ernst nehmen. Wie konnte man da – »überleben«?

Man musste klug und vorsichtig sein und durfte nicht negativ auffallen. Manche lernten, sich anzupassen und passten sich später ein Leben lang an. Andere taten sich mit einigen Gleichgesinnten zusammen, mit Kritikern und kleinen Revoluzzern, die sich Witze erlaubten, eigene Ideen hatten und sich so Freiräume schufen, unbemerkt oder toleriert von den Oberen, die vielleicht auch nicht immer an alles glaubten, was sie verkündeten. Wichtig war aber immer, dass man den vorgegebenen Rahmen nicht offen verletzte oder verliess.

Schon als Bub war mir das klar. Später sah ich, dass es in der gesamten Pfadigeschichte immer wieder Diskussionen um den Sinn und Zweck der erzieherischen Ideale und das Mass an Disziplin gab. Wie im Militär oder in der Kirche gab es unruhige Geister, die ironisch und witzig manche Aktivitäten in Frage stellten. Aus manchen Berichten ist unschwer die mangelnde Begeisterung herauszulesen.

Und wie im Militär und in der Kirche gab es »Militärköpfe«
oder »Päpste«, die unbeirrbar die hohen Ideale verteidigten
und sorgenvoll eine beobachtete »Verlotterung« beklagten.

»Die Uniformverwilderung und die schlechte Haltung
unserer Leute ist nachgerade katastrophal. ... Es geht um
die Venner in Blue-Jeans und Gummistiefeln, um die
Soft-ice schleckenden Wölfe, um die auf der Strasse rau-
chenden Rover usw. Viele Pfader fahren zu dritt und ohne
Licht Velo, viele bilden im Tram eine Landplage, manche
Pfaderstämme gleichen grölenden Horden des Dschingis-
Khan. So kann man keine Erziehungsarbeit leisten.«

So klang es 1972. Aber der »Niedergang« begann schon
früher ... In einem »Kaleidoskop der Pfaderstufe anno
1957« lesen wir:

» ... Das ganze Jahr ist nun nochmals in groben Zügen
an uns vorbeigerollt. Was haben wir falsch und schlecht
gemacht? Welches sind unsere Erfolge und Fortschritte?
Als Mangelartikel ist der ganz bestimmt die Disziplin
zu betrachten. Sie hapert bedenklich. Disziplin ist noch
immer der sichtbarste Ausdruck der geistigen Haltung.
Denkt daran, dass vor 25 Jahren die Abteilung Suso entstanden ist dank eiserner Disziplin und riesigem Einsatz.
Ich hoffe, nächstens auch diese beiden Artikel auf der aktiven Seite der Bilanz buchen zu können. Überall sind
die Monatskommunionen in Uniform wieder eingeführt
worden. Betrüblich leuchten aber am GK-Sonntag grosse
farbige Kleckse in den Absenzenheften der Truppleiter!!?
Ist uns Gott im Zeitalter der Plattenautomaten wirklich
nichts mehr wert? Schämt man sich? Ist die Zumutung

zu gross, morgens etwas früher aufzustehen als sonst? All diesen Wundervennern und Superpfadern sei ins Stammbuch geschrieben:

Bist du faul und bequem, schämst du dich, die Pfaderuniform in die Kirche zu tragen, so reiss dein Malteserkreuz weg und schreib den Austritt; denn du bist unwürdig und überzählig geworden! –Muus- «

20

Und zwischenhinein etwas Suso-Geschichte, eine Zu-
sammenstellung aus verschiedenen Quellen.

1932. – Nach zwei vom katholischen Volksverein einbe-
rufenen Elternversammlungen beginnen HH Pfarrhelfer
Rupert Blum als geistlichem Betreuer und Fm Othmar
Bernhard v/o Obo unter der Oberleitung des VKP-Ver-
bandsleiters HH Pfarrer Sprecher, Tänikon, eine kleine
Schar Buben zu Pfadfindern auszubilden.

Am 1. Oktober wird die ins Leben gerufene katholische
Pfadfinderabteilung SUSO von ihrem ersten Abteilungsleiter, Fm Rupert Blum, dem Kantonalverband der Zürcher Pfadfinder gemeldet.

1933. – Mit Schreiben vom 1. Mai 1933 erfolgte die for-
melle Bestätigung, dass der Kantonale Führerrat an seiner Sitzung vom 28. April 1933 die Abteilung SUSO in den
Kantonalverband aufgenommen hat.

Am 9. Februar JP-Prüfungen der ersten SUSO-Pfader
und Abgabe der Uniformen. Am 6. April nehmen ca. 50
Neulinge an der ersten Übung teil. Am 23. April findet die
SUSO-Gründungsfeuer im Lindbergwald statt. Am 25.
Juni SUSO-Fahnenweihe in der Kirche St. Peter und Paul.
Erstes SUSO-SOLA unter dem technischen Abteilungs-
leiter August Krämer v/o Gik in Engelberg.

1937   Einführung der Roverstufe
1941. – Im November Neuorganisation der Abteilung

unter dem neuen Chef Fm A. Gubser v/o Pech. Die Trupps Adler und Kuckuck verschwinden, dafür steigen die Burgherren der Schlösser in der Umgebung von Winterthur aus ihren dumpfen Grüften und leihen der Abteilung SUSO ihre Namen und ihre Tradition. Die neue Trupps heissen: Goldenberger, Hartmannen, Hohenlandenberger, Neuburger und Wartenseer.

Nach 25 Jahren blickt Pfarrer Rupert Blum im»Suso« zurück:

»So gründeten wir voll Optimismus eine katholische Pfadfinderabteilung Winterthur und stellten sie unter den Schutz des grossen Mystikers Heinrich Seuse, der im Hochmittelalter im Dominikanerinnenkloster in Töss als Spiritual wirkte. Von ihm erhielt die neugegründete katholische Pfadfinderabteilung ihren Namen SUSO. Den ersten Verantwortlichen der Abteilung war die Zielsetzung klar: Die Heranbildung einer übernatürlich gefestigten Persönlichkeit. Die bloss natürlichen Hilfsmittel pfadfinderischer Ertüchtigung, das Leben in der freien Natur etc. sind die äusseren Mittel zur Erreichung des gesetzten Zieles. Zum frohen romantischen Betrieb des Pfadfinderlebens gehört die religiöse Bindung mit der Pfarrei. Alles, was in der Abteilung getan wird, muss zur Ehre Gottes und in engster Zusammenarbeit mit dem Pfarrhaus getan werden, wenn es fruchtbringend und gesegnet für die Jugend und die Pfarrei sein will.«

Wie gross war die Abteilung? Bestandeszahlen wurden von Zeit zu Zeit im»Suso« publiziert. 1957 zählte man insgesamt nur 138 Mitglieder. In den späten Fünfzigerjahren stiegen die Bestandeszahlen aber stark an, entsprechend dem Wachstum der städtischen Bevölkerung.

1960 zählte die Suso 340 Mitglieder, 1961 354 (141 Wölfe, 163 Pfadfinder und 50 Rover).

Die Wolfsstufe vermehrte sich von 101 auf 141 Wölfe, die Pfaderstufe wuchs von 123 auf 163 Pfader, und die Roverstufe verzeichnete einen Zuwachs von 23 auf 50 Mann.

Die Einwohnerzahlen von Winterthur nahmen in diesen Jahren stetig zu (1950: 66925 Einwohner; 1958 77417, 1960 80342, 1962 85954 und 1970 92722). Der Anteil der Katholiken betrug stets etwas unter 30 Prozent.

21

Und das Bundeslager kam. Es fand in einem mir ganz unbekannten Gebiet statt, im Jura, in der Umgebung von Saignelegier, in verschiedenen Lagern und Unterlagern. Diese lagen so weit auseinander, getrennt durch Wälder und Jurawiesen und –weiden, dass nur aus der Lagerzeitung, dem *Canasson*, zu erfahren war, dass über 13 000 Pfadfinder hier eingetroffen waren und unter hohen Tannen ihre Zelte aufgeschlagen hatten.

Die Hartmannen fuhren mit dem Zug nach Biel, dann nach Les Reussilles, und zogen von dort zu Fuss zu ihrem Lagerplatz im Camp Gruère. Ein Lagertor empfing uns, eine riesige, beeindruckende Holzkonstruktion. Weitere Camps trugen ebenfalls klangvollen Namen, zum Beispiel Le roselet, La teurre oder Rouges-terres.

Ans Bundeslager mitgenommen hatte ich ein kleines Heft, mit kariertem Papier und sehr dauerhaftem schwarzen Einband. Mit Bleistift machte ich mir jeden Tag einige wenige Notizen. Wie kam ich dazu? Nahm ich mich vielleicht etwas wichtig, bildete ich mir ein, mit gerade mal zehn Jahren, etwas Besonderes zu sein? Wusste ich schon damals, dass das Wichtigtun im Leben nicht ganz unwichtig war? Wichtig tun konnte man auf allen Stufen, ganz unten, als Namenloser, mit einem winzig kleinen schwarzen Heftchen, in dem man unnachsichtig eintrug, was es zu essen gab, aber auch oben, mit Fanfaren, zweifarbigen Pfeifenschnüren und schwarzen Mercedes.

Ohne orthographische Korrekturen gebe ich die Aufzeichnungen im folgenden wieder, in kursiver Schrift.

Was ich ergänzend sagen möchte, wird in normaler Schrift hinzugesetzt.

Montag 23. Juli
Antreten: 8.40 Terminus
Wetter: schön
Bahnfahrt bis Reussilles
Bahnfahrt dauerte 5 Std. 30 Min.
Marsch von Reussilles dauerte 1 Std.
Kamen 16.30 im Lager an
Essen: Floridasuppe

Im Lager angekommen mussten wir zuerst warten bis ein Füh-rer kam und uns den Platz zeigte, auf dem wir lagern konnten.

Es folgt ein kleines »Kroki«: Kleine Rechtecke zeigen die Zelte der Fähnli Bär, Wolf und Puma an. Vor ihnen steht das kleine Zelt des Jungfeldmeisters. Es hatte ein Vordach, unter dem ein Tischchen stand, an welchem Quack zu arbeiten pflegte. Rechts davon die Kochstelle und das Tipi der Rover. Ein Pfeil zeigt den Weg zum »WC«, von dem noch einiges zu berichten ist. Ringsum Wald und in einiger Entfernung ein »gefährliches Franzosenlager« und ein »Altar«.

Wir beschäftigten uns sofort mit Zeltaufstellen, Holz holen, kochen und einwenig die Umgebung auszukundschaften. ¾ waren friedlich gesinnt, ¼ aber, ein welscher Pfadistamm, schimpfte und fluchte, wenn ein kleines Stück Land, das sie bewohnten, betreten wurde. So verlief der erste Tag. Eine gute

Floridasuppe bedeutete ein Nachtmahl. Dann schlichen wir müde ins Zelt.

In den Zelten, hatten wir unsere Schlafplätze dem Alter nach. Der Führer und die Oberpfader schliefen oben, beim Eingang, dann kamen die Pfader und die Jungpfadi, und die noch ungetauften Buben hatten ihren Platz beim hinteren Ausgang.

Im Tagebuch nicht festgehalten ist die Jungpfaderprüfung-Prüfung, die ich laut den Eintragungen im »Thilo« am 23.7.1956 bestand. Was da von mir verlangt worden war, weiss ich nicht mehr. Gemäss »Thilo« war die Kenntnis von Gesetz und Versprechen erforderlich, das korrekte Grüssen, die korrekte Uniform, die Kenntnis von Organisation von Fähnli und Stamm, der Gradabzeichen im Stamm, dazu eine Dienstleistung für Fähnli, Vaterlandshymne, Feuer machen, Tee kochen, Fahrplan lesen, Baumklettern, Sprung, Verstecken können. Nach freier Wahl wäre auch eine der folgenden Bedingungen zu erfüllen gewesen: Lokomotivmodelle kennen, Flugzeugtypen kennen, angeschirrtes Pferd führen können, melken können, Getreidearten und Kulturpflanzen kennen. Melken blieb mir jedenfalls erspart.

Würde ich jemals weiterkommen, aufsteigen, weitere Prüfungen bestehen? Mir waren diese Hierarchien unheimlich. Aber ich bemerkte sehr wohl, dass das Leben um einiges leichter war, wenn man aufstieg und Rover wurde und im Roverzelt als »Grosser« residieren konnte. Ein solcher Aufstieg schien mir aber unwahrscheinlich, so sehr war ich mit mir selber und mit meinem «Über-leben» beschäftigt.

Rover waren mit von der Partie. Sie lebten freier und we-niger von Befehlen behelligt im einem Indianerzelt. Sie begannen sofort mit dem Bau der Lagerküche, die, ganz nach Lehrbuch gebaut, zu einer vielbestaunten Einrich-tung wurde.

Am gleichen Tag habe ich auch das Versprechen abgelegt.

Aus dem Jungpfaderkandidaten wurde somit gleich zum Lagerbeginn ein »JP«, das heisst ein vollwertiges Mit-glied des Stammes, und mit dem abgelegten Versprechen wurde ich in die grosse Gemeinschaft der Pfadfinder auf-genommen. Nur ein Pfadiname fehlte noch.

Dienstag 24. Juli
Wetter: schön
Lagereinrichtung fertig. Grosser Backofen.

Es folgt eine Zeichnung dieser eindrücklichen Anlage. Es ist kein Backofen, sondern eine Feldküche, gemäss Lehr-buch. Auf einem langen Tisch zwischen Steinen gibt es drei Feuerstellen mit Rosten, darüber ein Zeltdach.

Um sechs Uhr wurden wir aus dem Schlaf gerüttelt. Schlaf-trunken torkelten wir an die Waschanlage. Dort wurden wir lebendig.
Kakao und ein Stück Brot bildete das Morgenessen. Gruppe

Puma fing an, einen Herd zu bauen. Die Jp. wurden benötigt,
um Kuhfladen auszustechen und zu entfernen.

Auf einem primitiven Notherd kochte Gr. Wolf Spagetti Suppe
und Salat. Die Spagetti waren eher ein Mus. Quack ärgerte
sich, weil alle die Gamellen wieder ausleerten. Pajass erklärte:
«Ich habe das zum Chotze gärn!» Es gab noch Salat dazu. Am
Nachmittag wurde immer noch die Einrichtung gebaut.

Essen
Morgen: Kakao, Brot
Mittag: Spagetti, Salat, Suppe
Abends: Suppe, Brot
SOS!

SOS! Dick aufgetragen und unterstrichen. Was war da
los? Das Essen war auch für genügsame Buben nicht geniessbar, die Alarmsirenen ertönten. Ich war keineswegs
verwöhnt, hatte ja auch mit den Eltern schon viele Male
gezeltet und dabei erlebt, dass Mutti auf einem Camping-
kocher stets gute Sachen zubereiten konnte. Was aber
in den ersten Lagertagen die Küche produzierte, war
manchmal verkocht, manchmal auch angebraten und
beim besten Willen nicht immer essbar.

22

Wir benötigen nach dem SOS etwas Entspannung vom Lagerleben der Hartmannen und wollen einen Blick hinter die Kulissen des Bundeslagers werfen. Die folgenden Informationen stammen aus der Lagerzeitung *Le Canasson*.

Seit Monaten war das Lager vorbereitet worden, von jurassischen und neuenburgischen Pfadfindern. Sie hatten die eindrücklichen Lagertore gebaut und viele Lagereinrichtungen erstellt. Das Militärdepartement hatte Material bereitgestellt, 150 Tonnen insgesamt, Zelte, Küchengeräte, Fahrzeuge, Wasserleitungen, Elektrizität. Allein für die 1000 Dienstpfader, die für die Organisation arbeiten, müssen 4500 Mahlzeiten pro Tag bereitgestellt werden. Eine Küchenchef-Schule steht dafür zur Verfügung, mit 25 Küchenchef-Aspiranten, die täglich 16 ½ Stunden arbeiten. »Es wäre deshalb kein Luxus, wenn die Fassmannschaften, statt mit den Händen in den Hosensäcken zuzusehen, auch etwas helfen würden«, meint die Lagerzeitung. Für eine Mahlzeit sind nicht weniger als zum Beispiel 400 kg Kartoffeln, 300 kg Gemüse, 750 l Suppe, 280 kg Fleisch oder 120 kg Reis nötig. Und jeden Morgen werden 600 l Milch in die Kantinen geführt.

Ein Organisationskomitee sorgt für reibungslose Abläufe. Es gibt Werkplätze mit Werkplatz- und Empfangschefs, Arenen, einen Fahnenwald und die Lagerzeitung, *Le Canasson*. Die Werkplätze enthalten Ausstellungen, Laboratorien und Posten, an denen die Fähnli Auskunft erhalten, zum Beispiel über Karten- und Kompasstechnik, über Geländevermessungen, über Schweissen und Löten. Und wer das Spezialexamen Verkehrspolizist bestanden hat, darf Motorrad- und Autofahren lernen, »auch wenn die Füsse noch nicht bis zum Gaspedal reichen«. Beim Posten Übermittlung können Gruppen aus vorbereiteten Elementen Radios basteln. – Auf den wenigen Strassen des Lagers, auf denen sich riesige Autoschlangen von Besuchern bewegen, sollen die Fussgänger links und in Einerkolonne gehen. Für Fahrzeuge gilt eine Höchstgeschwindigkeit von 25 km/h.

Täglich besuchen hohe Gäste das Lager. Bundesrat Chaudet erscheint und erhält eine Ordenskette, seine Frau und die übrigen Gäste eine Medaille. Msgr. Bischof von Streng liest am Sonntag vor 5000 katholischen Pfadfindern die Messe und trägt sich ins Goldene Buch ein. Auch der Bundesfeldmeister Arthur Thalmann besucht das Lager. Ein brauner Mercedes bringt ihn vom Bahnhof Les Reussilles mit seiner Gattin ins Lager. Unter Fanfarenklängen fährt er zum Lagertor. Und während seines Besuches schält Frau Thalmann in der Lagerküche Kartoffeln! In einer riesigen Kantine ergreift Arthur Thalmann vor den geladenen Gästen das Wort und erklärt, dass aus den Pfadfindern von heute die Staatsbürger und Soldaten von morgen werden müssen.

Am letzten Tag besucht auch noch Bundespräsident Dr. Markus Feldmann das Lager und richtet erbauliche Worte an die Teilnehmer. Er erinnert an den Bundesbrief der Eidgenossen, wobei er vor allem die Worte »Einander beizustehen, mit Rat und Tat« hervorhebt, und erwähnt die Geschichte der alten Eidgenossenschaft, die keineswegs in schnurgerader Linie vom Bunde von 1291 bis zur heutigen Eidgenossenschaft geführt habe. »Es ging auf- und abwärts, Heldentaten und Versagen, Eintracht und Zwietracht, fürwahr ein packendes Bild. Aber die Grundlagen des alten Bundes haben bis heute standgehalten, und das ist keine Selbstverständlichkeit. Viel gnädige Fügung, Mühe und Opfer waren und sind auch heute noch nötig, damit unser Land seinen schweizerischen Weg finden kann. Ob und was für einen Beitrag wir beisteuern, entscheidet über das Schicksal unserer Heimat, die uns anvertraut ist. Liebe Pfadfinder, Ihr kennt unser Land, darin ein Volk in Freiheit sein Leben gestaltet. Deshalb wollen wir Sorge tragen zu dieser Freiheit, nach aussen, indem wir unseren Willen kundtun, diese Freiheit auch mit Opfern zu schützen; nach innen, indem wir uns um alles kümmern, was in Volk und Staat vor sich geht. Ich bin sicher, dass Ihr das wahr macht, was man von jedem Pfadfinder erwartet und verlangt: Treue, um jeden Preis und unter allen Umständen.«

Diese Worte, im *Canasson* nachzulesen, bekamen die Hartmannen nicht mit. Irgendwie aber spürten wir sie, sie lagen in der Luft und schwebten als Zeitgeist über der Lagerwelt. Wozu war man denn auf der Welt, wozu war man Pfadfinder? Doch ganz gewiss, um einen kleinen Beitrag zum Gedeihen unserer Heimat zu leisten. Oder nicht nur einen kleinen Beitrag! Nein, einen möglichst grossen!

23

Zurück zu unserem Buben. Geht es ihm inzwischen besser? Er ist nicht verhungert, hat sich aber insgeheim in seiner freien Zeit mit anderen Leidensgenossen davongemacht und an einem nahen Verpflegungsstand der Firma Knorr einen Becher mit himmlisch duftender Pilzcrèmesuppe gekauft. Öfters haben wir diesen Weg gemacht, vorbei an den Lagern anderer Trupps, die um hohe bemalte Totempfähle errichtet worden waren und zu denen wir stets gehörige Distanz wahrten.

Und vielleicht hat er auch ein »Fresspäckli« erhalten. Die Lagerpost funktionierte ausgezeichnet, und die tägliche Postverteilung war wegen den äusserst begehrten Paketen stets ein Grossereignis. Eine Schachtel voller süsser Herrlichkeiten erhielt er von den Eltern, ein anderes von seinem Götti, selbstverständlich mit Ovo-Sport, Schokoladen und Tutti Frutti.

Die Verpflegung wird nun mit der Inbetriebnahme des drei Meter langen »Hotelherdes« durchaus geniessbar. Sehen wir, was an den nächsten drei Tagen los war. Das Tagebuch vermeldet Vermischtes.

Mittwoch 25. Juli
Wetter: schön
Die Lagereinrichtung fertig

Essen
Morgen: Kakao, Brot
Mittag: Spiralen, Rhabarbermus.
Abend: Teigbrot, Tee.

Rucksackgestell
Es folgt die Zeichnung eines Rucksackgestells. Es besteht aus je drei unterschiedlich hohen Pfählen. Diejenigen mit gleicher Höhe sind verbunden mit einem Querholz. So ergibt sich ein kleines Gerüst, auf dem die Rucksäcke abgelegt werden können. Viele Kameraden, und mit ihnen auch ich, hatten den Militärrucksack des Vaters mitnehmen dürfen, daneben auch die Gamelle und das Soldaten-Essbesteck.

Tagw. Früht. Messen und die Einrichtung weiter erstellen war der heutige Tagesbefehl für den Morgen. Gut geratene Spiralen und Rabarbermus bildete das Mittagsmahl. Gr. Puma erstellte ein riesiges Kreuz aus geschälten Ästen und montierten einen Fahnenaufzug daran. Bei der Aufstellung halfen alle mit. Die Hartmannenfahne wurde aufgezogen.

Am Abend Lauf um den See. Grosser Sumpf. Die Schuhe sanken in den Morast.

Nach dem Abendessen wollte Pajass durchaus noch einen Lauf mit den »Knöpfen« machen. Quack willigte ein. Nun ging es im Laufschritt zur Festhütte hinauf. Dort hetzte uns Pajass zum See hinunter. Dort begann ein Lauf um den See. Sümpfe, Bäche, Gestrüpp Dornen erwarteten uns. Meine Schuhe glucksten bei jedem Tritt. Bambi hatte das Missgeschick, dass er in einem

fusstiefen Bach »badete«. Pajass rettete den tropfnassen Kna-
ben. Schreiend wurde er weitergezogen. Endlich erreichten wir
das Lager wieder. Dort wurden wir ins Bett geschickt.

Der Lauf führte um den traumhaft schönen, von Wäldern
umgebenen Lac de Gruère. Wer ermessen will, welche
Leistung wir vollbrachten, möge selber einmal diesen
See im Laufschritt umkreisen. Ich hielt tapfer mit und
war keineswegs, wie meine Eltern glaubten, ein Stuben-
hocker, sondern ein bereits recht kräftiger Bub, der bei
diesem und anderen Läufen nicht Schlusslicht war.

Die Rover führten ein eigenes Leben und waren meistens
mit geheimnisvollen, höheren, undurchschaubaren Aktivitäten befasst, wohl auch mit den Vorbereitungen zur
Taufe. Einer trug den gewaltigen Namen Attila. Dass ein
Attila als Hunnenführer mit seinen Horden einst halb Europa verwüstet hatte, wusste ich bereits, als begeisterter
Leser von Jugendbüchern. Dass nun ein Attila ganz in der
Nähe in einem Indianerzelt hauste, schien mir unerhört
und nicht ganz unbedenklich. Andererseits verspürte ich
auch etwas Neid und hoffte, demnächst auch auf einen
grossen Namen getauft zu werden. Adler? Fuchs? Bär?
Mit einigem Bangen sah ich der Taufe entgegen. Hing im
Leben nicht immer viel vom Namen ab?

Donnerstag 26. Juli
Wetter: sehr schön
Bundesrat Caudet besuchte das Lager. Inspektion (BFM)
Pfeilschiessen
1. Preis Kauz

Essen
Morgen: Boritsch, Tee
Mittag: Käse, Kartoffeln
Abend: Birchelmus, Tee.

An den Porridge erinnere ich mich leider noch sehr gut, er war mir ein Greuel und schmeckte mir gar nicht. Woher wohl dieser komische, fade, dickflüssige Brei kam, der mir hier zum ersten Mal begegnete? Gewiss aus England, gewiss von BiPi! Zuhause hatte es niemals so etwas wie Porridge gegeben. Zuhause trank ich immer Pastmilch mit wunderbarem Banago oder feiner Ovomaltine. Dieses Gericht hier im Lager war aber offenbar eine besondere Pfadfinderdelikatesse, etwas Traditionelles, Pickelhartes, Englisches. Ich stellte mir vor, dass es Baden-Powell in der höchsten Not im belagerten Mafeking erfunden hatte.

Der Morgen verlief gleich wie jeder andere. Am Nachmittag fand ein Pfeilschiessen statt. Kauz gewann. Am Abend schrieben wir nach Hause.

Freitag, 27. Juli
Wetter: Regnerisch
Aquarium, Blätter gibsen.

Essen:
Morgen: Kakao, Brot
Mittag: Ton, Äpfel, Brot
Abend: Birchelmüsli Brot

Am Morgen wurde Gr. Wolf in die !!?! geschickt. Dort mussten wir ein Aquarium herstellen. Am Nachmittag mussten wir Blätter abgipsen 2x verbrach meines Das 3x gings.

24

Wie klein doch meine Welt war! Ich hatte keine Ahnung, was in den höheren Regionen vor sich ging. Aber ich spürte, dass es da Kräfte gab, Gebote, Traditionen, Mentalitäten, Instanzen, denen ich ziemlich hilflos ausgeliefert war. Sich diesen verschiedenen Gewalten zu entziehen war unmöglich. Elternhaus, Kirche, Schule, Pfadfinder, und am Ende auch der Pestalozzi-Kalender mit seinen täglichen Ermahnungen. Auch von einem Bundeslager konnte man nicht einfach heimreisen, sondern musste mitmachen und zusehen, wie man über die Runden kam.

Da in diesem Büchlein fast nur von den Pfadi die Rede ist, möchte ich zur Ergänzung auch ein paar Bemerkungen einstreuen zu meinen Erfahrungen mit den anderen Erziehungsinstanzen und ihren Vertretern.

Sozialisationsinstanzen sind meistens unangenehm. Sie üben Druck aus. Sie wollen und müssen gemäss ihrem Auftrag aus den Kindern vollwertige, mündige Erwachsene machen, die sich in der Welt zurechtfinden und erfolgreich ihren Weg gehen können. Keine Schwächlinge, sondern gefestigte Persönlichkeiten! Ein Bub muss demnach immer gut darauf achten, was die Bezugspersonen und Autoritäten sagen. Von Eltern und Verwandten, von Lehrern und Geistlichen sieht und hört er, wie er sich verhalten sollte. Er muss sich anständig anziehen, sich waschen und zum Coiffeur gehen. Und natürlich zur Schule und in den Religionsunterricht. Er muss viel lernen, die

lästigen Hausaufgaben erledigen und Prüfungen bestehen. Er bekommt Zeugnisse, in denen er benotet wird,
in den Schulfächern und im Betragen. Und er hört, dass
sein Erfolg im Leben von den Noten in diesen Zeugnissen
abhängig sein wird.

Meine Eltern waren stets gütig und verständnisvoll und
liessen mir viele Freiheiten. Und doch bildete auch das
Elternhaus einen festen Rahmen, in den ich mich einordnen musste. Im allgemeinen fiel mir dies leicht. Wir
lebten in gesicherten, aber bescheidenen Verhältnissen.
Der Vater war nur einfacher Arbeiter, und eine Familie
mit drei Kindern zu unterhalten, war nicht leicht und bedeutete, dass keine grossen Sprünge möglich waren. Verwöhnt wurde ich gewiss nicht. Mein Vater, 1913 geboren,
fuhr bis 1954 mit dem Militärvelo zur Arbeit, dann bis
1964 mit einem Puch-Motorrad. Erst im Jahr 1964 begann
mit dem Kauf eines Opel Kadett ein neues, nun wirklich
modernes und phantastisch bequemes, geradezu filmrei-
fes Leben. Unter den einfachen Verhältnissen habe ich
aber nie gelitten, liessen doch auch sie viele Abenteuer zu,
nicht zuletzt auch abenteuerliche Zeltferien.

Die Eltern haben mich nie besonders mit Vorschriften
geplagt und nur ganz selten bestraft. Wenn in der Familie
jemand Macht ausgeübt hat, dann war eher ich es, mit
meinen guten Noten, meiner Schulweisheit und meinen
Büchern. Wirkliche Macht und starker Druck ging nicht
von der Familie aus, sondern von der Kirche und der
Schule. Auch das Pfadfinderleben war nicht frei davon,
zumindest in den Anfängen. Und wer hier nicht geformt

und geprägt wurde, erhielt dann spätestens im Militär unter Umständen höchst unangenehme Nachhilfestunden.

Man könnte sogar sagen, dass die Rolle meiner Eltern im allgemeinen darin bestanden hat, mich zu trösten, wenn ihnen die Machtansprüche, die von aussen kamen, gar zu arg erschienen. Sie sahen es aber auch nicht ungern, wenn das Kind, das ihnen manchmal scheu und eigenbrötlerisch erschien, etwas in Kontakt mit den rauheren Seiten des Lebens kam.

Und so war nun eben auch die Pfadi mit Baden-Powell und dem Thilo und dem Bundeslager einfach so aufgetaucht als etwas Unumgängliches. Ich schlief in einem Zelt, mit acht oder neun Kameraden, als Kleinster ganz unten, beim hinteren Ausgang. Eine Ordnung, die in alte Zeiten verweist. Dass die römischen Legionäre auf ihren Feldzügen in ähnlicher Weise kampiert haben, wusste ich damals noch nicht. Die Legionäre schliefen je acht in einem Lederzelt (tentorium) und bildeten eine Zeltgemeinschaft, eine *contubernia*. Vor jeweils zehn Zelten stand, ganz wie bei uns das Zelt des Jungfeldmeisters, ein einzelnes Zelt, das *tabernaculum* des *centurio*, des Führers einer *centuria*.

Etwas altrömischer Geist, Sittenstrenge, Standhaftigkeit, Tapferkeit und Ernst, schien auch unser Pfadileben zu erfüllen. Ein Tagesbefehl regelte das Leben. Ich wurde am Morgen früh geweckt und zur Waschanlage gescheucht. Über Leitungen, die extra gelegt worden waren, floss chloriertes Wasser in Holztröge. Das Wasser war eiskalt und ungeniessbar, und wir vermieden nach Möglichkeit den Kontakt mit ihm. Ich nahm teil am Frühturnen, das im Laufschritt und barfuss über Jurawiesen führte, in denen sich Disteln verbargen. Wer nicht gut aufpasste, machte unangenehme Bekanntschaft mit ihnen. Märsche, Verpflegung, Lagertechnik, Lernstoffe, Abzeichen und Wimpel würden ebenfalls zu Vergleichen mit einem Legionärsleben reizen. Unter ihren Emblemen (Adler, Steinbock, Stier, Widder, Storch oder Löwe) fehlten freilich Bär, Wolf und Puma, und ein Büffel erst recht.

Ob unser Toilette nicht auch derjenigen einer römischen Kohorte entspach? In meinem Tagebuch ist nichts zu finden über diese Einrichtung, kein entrüstetes SOS, aber in Erinnerung ist sie vielen Teilnehmern geblieben. Die zu formenden zukünftigen Persönlichkeiten sassen dort wie Hühner aufgereiht nebeneinander auf einer Stange in einem notdürftig mit Blachen abgedeckten länglichen Zelt.

25

Samstag 28. Juli
Wetter: Regen
Nachmittag Regen
Mit Bus nach Rouge Terre.
Dort Verkehrszeichen üben. 49 Punkte 100 Maximum

Essen:
Morgen: Boritsch
Mittag: Kartoffeln, Blumenkohl, Suppe
Abend: Birchelmus

Ein regnerisches Wetter. Am Nachmittag fuhren wir mit dem Bus nach R.T. Dort erprobten Männer unsere Verkehrsregelkenntnisse. Wir erreichten 49 P. von 100 Maximum. Am Abend gab es Birchelmus.

Sonntag 29. Juli
Wetter: Regnerisch
Nachmittag regen
Morgen Kile La Terre

Essen:
Morgen: Butterbrot, Kakao
Mittag: Bohnen, Kartoffeln
Abend: Boritsch

Schon wieder Porridge, wieder Verzweiflung und grosser Schrecken!

Zum Morgenessen gab es erstmals Butter auf das Brot. Nachher
wurde aufgebrochen nach dem Lager La Terre wo der Bischof
von Basel Messe hielt. Ca. 5000 Kath. Pfadi waren vorhanden
und um den Altar versammelt. Während der Predigt hatte der
Lautsprecher einige Male Defekt. Als die Messe fertig war tra-
fen Chrattes Eltern ein. Zum Zmittag gabs Bohnen und Kar-
toffeln. Zum Znacht gabs Boritsch (Haferbrei).

Was hat das Pfadileben so anziehend gemacht? Ein wichtiges Element der Pfadfindermethode war die Bildung
kleiner Gruppen, die frühzeitige Übernahme von Verantwortung und die Erziehung zur Selbständigkeit. Damit
sollten Verantwortungsbewusstsein, Selbstvertrauen, Zuverlässigkeit und Bereitschaft zur Zusammenarbeit und
Führung gefördert werden. Soweit die Theorie.

In der Praxis bedeutete dies auch viel Freiheit, die wir
als Jugendliche schätzten und genossen, auch wenn wir
damit wohl nicht immer den Vorstellungen der höheren
Führer entsprachen und diesen Freiraum eigentlich oft
ungefragt in Anspruch nahmen. So war zum Beispiel die
Pfadiuniform gewiss nicht geschaffen worden, um ihren
Trägern den Autostopp zu erleichtern. Ich und meine Kameraden profitierten aber manchmal gerne vom Bonus,
den einem die Uniform verlieh. Sie liess auf einen braven
Buben schliessen, den man gerne mitnahm. Offiziell aber
galt der Autostopp als unpfaderisch.

Ein Anthropologe könnte auch weitere Erklärungen
für die Anziehungskraft der Pfadi finden. Als Pfadi erlebte der Bub ein urtümliches, elementares Leben. Fand

er sich nicht in den Wäldern zurecht? Lebte er nicht in einer Kleingruppe, als Spurenleser und mutiger Jäger? War er nicht Indianer? Oder Grenzkolonist? Gab es nicht vielleicht auch Feinde? Musste er nicht auch auf gefährliche Abenteuer vorbereitet sein? Ein unerschrockener Kämpfer sein, ein Held, ein Ritter?

Der Wahlspruch »Allzeit bereit!« bedeutete nicht nur stete Hilfsbereitschaft. Er besagte nicht nur, dass der Pfadi alten Damen über die Strasse helfen sollte, sondern bedeutete auch Wachsamkeit und Verteidigungsbereitschaft, Findigkeit, Ausdauer, Mut und Zuverlässigkeit. Bei Baden-Powell hiess der Wahlspruch »Be Prepared«, übernommen von der South African Constabulary, was nicht nur Hilfsbereitschaft, sondern auch soldatische Wachsamkeit zum Ausdruck bringt.

Im April 2020, während ich diese Texte überarbeite, erhält »Be Prepared« eine beklemmende Aktualität.

26

Und wieder ein paar Worte zu den erzieherischen Bemühungen. Der Druck, den ich am stärksten zu spüren bekam, ging von der katholischen Kirche aus. Sie beschäftigte meinen kleinen Geist weitaus am meisten. Und was ich im Religionsunterricht hörte und im Katechismus stand, habe ich ohne jeden Anflug von Zweifel geglaubt.

Mit neun Jahren erhielt ich ein schönes graues Büchlein, mit dem geheimnisvollen Namen Katechismus. Ich musste es zuhause mit Hilfe der Mutter mit einem Schutzumschlag versehen und es immer in den Religionsunterricht mitnehmen. Es enthielt 479 Fragen und 479 Antworten! Im Unterricht, der – zum Glück, möchte ich sagen – nur einmal pro Woche stattfand, konnten natürlich nur wenige davon behandelt werden. Aber die 479 Fragen machten natürlich einen gewaltigen Eindruck und zeigten, wie winzig klein wir Buben waren und wie wenig wir von Gott und der Kirche wussten und verstanden.

»26. Was heisst: Gott ist allmächtig?
Gott ist allmächtig heisst: Gott kann alles machen, was und wie er will.«

»27. Was heisst: Gott ist heilig?
Gott ist heilig heisst: Gott ist in allem Guten vollkommen; er liebt das Gute und hasst das Böse.«

Die Religionsfragen waren zweifellos die wichtigsten Fragen, die es geben konnte. Hier ging es um nicht mehr um belanglose alltägliche Dinge, sondern um die Schöpfung, um das ewige Leben, um den Himmel oder die Hölle. Wozu sind wir auf Erden? Im Katechismus wurde diese grosse Frage beantwortet. Wollte ich in die Hölle kommen? Dazu konnte es nur eine Antwort geben, nämlich ein Leben, wie es Gott und die Kirche von uns verlangten. Eine andere Lösung wäre nur der Verlust des Glaubens gewesen, was für mich damals undenkbar war.

Der allmächtige, ewige, allwissende, gerechte und heilige Gott blieb allerdings immer unsichtbar. Sichtbar war nur der strenge Herr Pfarrer, der uns Beichtunterricht erteilte und den kirchlichen Alltag und insbesondere den Weissen Sonntag mit der Erstkommunion genauestens regelte und überwachte.

Neben dem Pfarrer, dessen Beichtstuhl mit H.H. Pfarrer beschriftet war, was ich mir mit »hochheilig« zurechtlegte, gab es weitere Geistliche, die Vikare, von denen einer jeweils als Präses der Pfadfinder wirkte. Die Zusammenarbeit mit dem Präses wurde öfters im »Suso« und in den Pfadizeitschriften thematisiert, und wie wir schon sahen, meldeten sich die Präses auch mit Aufrufen zu Wort, die stets viel von uns forderten. Aus meiner Erfahrung darf ich aber gleich auch beifügen, dass sich die Präses nie in den Pfadibetrieb einmischten und keine Kritik äusserten, sondern stets freundliche und hilfreiche Begleiter waren.

Brüder, seht dort das Gewimmel
unserer heissersehnten Schlacht!

Siegreich sei sie uns gedacht,
und es zeige sich die Nacht
friedvoll uns am Himmel.
Winnetou

Diese Zeilen stammen nicht etwa aus einem Buch von Karl May, sondern vom Suso-Pfadfinder Winnetou, von dem ich später noch viel zu berichten habe.

27

Montag 30. Juli
Wetter: Veränderlich
Essen: !

Die Taufe stand bevor. War die Taufe nicht ein Sakrament? So wie der katholisch Getaufte zur alleinseligmachenden katholischen Kirche gehört, so wird der Bub in der Pfadi durch die Taufe Mitglied seines Stammes und erhält eine neue Existenz, ein ganz besonderes Leben, das sich von seinem normalen Alltag grundlegend unterscheidet und auch etwas Indianerhaftes, Verschwörerisches erhielt.

Der Name wurde mit einiger Spannung erwartet, denn er konnte auch Bürde sein. Nicht alle hiessen Bär oder Hirsch, sondern wurden entsprechend ihren Stärken oder Schwächen eingestuft und benamst. Nicht alle erhielten Namen, wie ich sie für mich erhoffte, sondern sahen sich plötzlich als Bambi, Zwerg, Pieps, Mops oder gar Molch in der neuen Welt, in die sie nach schweren Prüfungen aufgenommen wurden. Eine namensmässige Verkleinerung bedeutete aber nicht unbedingt, dass der so Getaufte nicht auch ein tüchtiger und vorbildlicher Pfadfinder sein konnte. »Bibi«, »Chlötzli« oder »Chäzli« lernte ich als beeindruckende Persönlichkeiten kennen.

Gottfried Keller beschreibt in seiner Novelle »Ursula« sehr schön, was eine Verkleinerung im Namen bedeuten kann.

»Der Name Hansli bedeutete nicht etwa eine kleine Gestalt; denn es war ein ziemlich hochgewachsener Mann und kräftiger Rottmeister, obgleich noch jung an Jahren. Vielmehr drückte sich darin eine gewisse vertrauliche Beliebtheit und der Ruf der Zuverlässigkeit aus, in welchem der Träger unter seinen Genossen stand; wie denn in den Mannschaftsrödeln oder den Verzeichnissen der Jahrzeitbücher solche oft vorkommende Koseformen für die Namen längst heimgegangener, sonst gänzlich unbekannter Kriegsleute den Eindruck machen, daß diese mehr als andere wert und lieb gewesen seien, vielleicht wegen ihres einfacheren, treuherzigeren Wesens oder wegen heitern Gleichmutes und gutartiger Laune oder irgend anderer guten Eigenschaften.«

»Hansli« habe ich auch bei den Pfadfindern, und nicht nur dort, kennen und schätzen gelernt.

Am Morgen und über den Mittag war nicht viel los. Am Abend um 18ʰ Nachtübung mit Taufe
Die älteren sagten scheinheilig «Nein!» wenn wir sie wegen der Taufe fragten. Nach dem Lager La Terre las uns Quack eine Geschichte vor. Es handelte sich wie böse Ritter von Bauern besiegt wurden. Quak erklärte: »Das wollen wir jetzt spielen! Gr. Bär und Wolf gegen Puma!« Er gab uns den Koordinaten, auf dem der Kampf stattfinden sollte. Nachher rannten wir davon. Zuerst führte uns der Weg durch Felder und Wald und schliesslich in ein enges Tobel. (es folgt eine kleine Karte)
Dort vermutete Pajass den Punkt. Wir liessen uns nieder und erwarteten Puma. Etwas raschelte. Einige bekamen Angst. Kriegsgeschrei erscholl und schon stürtzten die Puma den Hang

hinab und metzelten uns nieder. Pajass, Kater und Schnapp mussten allein Mutz bändigen, die übrigen versuchten die Foulards von Attila, Kibitz und Kauz zu erreichen. Schliesslich gewann Puma. Zusammen wurde dann oben an der Schlucht ein Lagerfeuer angezündet. Kauz sagte: Ein Lauf würde guttun! Quack willigte ein. Es wurden Taschenlampen aufgestellt und jeder JP und JPA musste jede berührt haben.

Ich rannte fröhlich drauflos als ein riesiges Gespengst eine Plache auf mich warf und mich richtig knetete. Plötzlich war es verschwunden und ich rannte weiter. Jetzt überfiel mich eine Räuberbande, die mich fesselte zu Boden warf und mit Stroh bedeckte. Dann wurde ich blindlings in Büsche geworfen gestökelt und schliesslich über ein Feuer gehalten. Quack sprach ich taufe dich M-U-N-G-G-I! Bei jedem Buchstaben hieb er mir mit dem Truppwimpfel eine aufs »Füdli«. Andere wurden Puccino, Molch, Bijou, Strick und Bingo getauft. Nach der Taufe gings heimzu. Um 3 Uhr am Morgen kamen wir todmüde heim.

Habe ich auch immer gelesen, was der Pestalozzi-Kalender mir nahelegen wollte?

»Überlege bei jedem Gang in ein anderes Zimmer, ob du etwas mitnehmen oder aufräumen kannst.«

»Für den Invaliden ist es peinlich, wenn man ihn anstarrt. Behandle ihn, als hätte er heile Glieder.«

28

Nur angedeutet werden kann hier, dass natürlich auch die Schule zu den Erziehungsinstanzen gehörte. Im Vergleich zur Pfadi und der Kirche empfand ich aber den von ihr ausgehenden Druck als weniger einschneidend. Ich hatte das Glück, stets gute, nicht übermässig strenge Lehrer zu finden und ging gerne in die Schule. Ihren Anforderungen konnte ich meistens problemlos genügen.

Angenehm war, dass die Schule sich nicht um mein ewiges Seelenheil kümmerte und von mir auch nicht Märsche verlangte, die meine Kräfte überstiegen. Die Schule vermittelte im grossen Ganzen doch einfach nur viel Stoff, und wer diesen Stoff aufnahm, die Aufgaben lösen konnte und schön schrieb, hatte wenig zu befürchten. Natürlich gab es Disziplinierungsinstrumente, gab es Prüfungen und Zeugnisse, mit Noten und Bemerkungen zum Verhalten. In den Rubriken »Fleiss und Pflichterfüllung«, »Ordnung und Reinlichkeit« und »Betragen« gab es Qualifikationen: »gut«, »befriedigend« oder »unbefriedigend«. In schöner, vorbildlicher Lehrerschrift stand dort bei mir, wenn ich mich nicht täusche, immer ein »gut«.

Die Zeugnisse konnte ich so getrost nach Hause tragen und auch den Verwandten zeigen, die dann auch gleich zur Belohnung einen Batzen hervorkramten. Die Lehrer waren stets auf den Schulstoff konzentriert, stellten keine auf Gebotstafeln gestützten moralischen Forderungen auf, kannten keine Todsünden und verlangten kein Versprechen und keine Beichten. Auf das Leben bereiteten sie uns nur insofern vor, als sie eben Vorbilder waren, respekteinflössende Persönlichkeiten, die ein ordentliches, bürgerliches Leben führten.

Viel später entdeckte ich, dass auch über den Lehrerzimmern eine von Ideologien geprägte Welt existierte, in welcher einzelne pädagogische »Hardliner«, mental noch ganz in den Zeiten der Geistigen Landesverteidigung steckengeblieben, strenge Forderungen vertraten.

In den Lehrerzeitschriften können diese Diskussionen verfolgt werden. Hier nur wenige Zitate.

»Die Schweiz ist ein Ordnungskreis von seltenem Beharrungswillen. In ihrer politischen Gestaltungskraft sammelt sich der Geist des Abendlandes zu einem moralischen Widerstandszentrum von unerschütterlicher und unzerstörbarer Energie – seit Jahrhunderten schon.« (1951)

»An dieser Welt der totalen Anarchie zerbricht die Ordnung der abendländischen Menschlichkeit; im grellen Propagandalärm ihrer Klassenwahrheit, der Gewalt, erstickt die Melodie des Schönen, Wahren und Guten – wenn es uns nicht gelingt, den Giganten des Chaos ein neues Schöpfungswunder entgegenzustellen.« (1951)

»Es ist unsere Aufgabe in einer entmenschlichten Zeit, die Jugend unseres Volkes noch einmal zur abendländischen Humanität zu erziehen, sie durch Vermittlung des tiefsten Gehaltes unserer nationalen Tradition zum angebornen

Adel des Menschen zurückzuführen. Das Charakteristikum der schweizerischen Kultur ist der Wille zur Erziehung der Massen. Den dumpfen Herdentrieb zur Klarheit des Bewusstseins zu läutern, der Unbeschwertheit von der Last des Denkens, die den Fluch unseres Zeitalters bedeutet, eine fast überbetonte Kraft und Schärfe des eigenständigen und lauteren Urteils entgegenzusetzen, das sei uns Sinn und Mitte all unserer Bildungsarbeit!« (1951)

Als Bub verspürte ich kaum etwas von diesen Sorgen, die höheren Ortes geäussert worden waren. Zur »Schundliteratur«, die auf breiter Front bekämpft wurde, bis hin zum Einsammeln und Verbrennen einschlägiger Hefte, hörte ich nur wenige Bemerkungen.

Sorgen machte man sich in Lehrerkreisen und Erziehungsdirektionen auch zur »sexuellen Gefährdung«, ohne sie aber in den Schulklassen zu thematisieren. Unsere Sexualität mussten wir selber entdecken, auf seltsamen und krummen Wegen, die zu beschreiben mehr als nur einige Seiten beanspruchen würde. Bei den Pfadfindern erhielt ich keinerlei Auskünfte. Man hielt sich hier recht ängstlich an das abgelegte Versprechen und den Artikel 10 des Pfadigesetzes.

Die Lehrer aber standen den in dieser Beziehung sehr unruhigen und neugierigen Schülern offenbar manchmal sehr hilflos gegenüber. Die folgenden Überlegungen aus dem Jahr 1956 gehen nicht weit an der Realität vorbei.

»Wichtig ist ... zu wissen, welches die Merkmale sind, an denen eine auf Abwegen befindliche Klasse erkannt werden kann. Aus eigener trüber Erfahrung weiss ich darüber folgendes zu berichten: Die Klasse wird fahrig, die Augen weichen dem Blick des Lehrers aus; sobald einer der oben genannten Ausdrücke (Liebe, Stillen, Busen, Kuss) fällt, schauen sich die 'Eingeweihten' vielsagend an; die Leistungen lassen fühlbar nach, viele Schüler sind oft auffällig bleich; man sieht sie an den Strasenecken herumstehen und auf 'ihr' Mädchen warten; die Schrift wird unregelmässig; sie bieten manchmal auch Bilder herum, die mangelhaft bekleidete Frauen darstellen; die Buben beginnen Jazzmelodien zu singen oder zu pfeifen usw. Alle diese Symptome sind Warnsignale für den Lehrer. Jetzt heisst es, die Augen offen behalten und geschickt einwirken. Unauffällige Schulsackstichproben (um die Ordnung zu kontrollieren!), Behändigen heimlich herumgebotener Zettel führen oft auf die richtige Spur. – Gute Erfahrungen habe ich auch mit dem Befragen sauberer Schüler gemacht. Bevor man beginnt, gilt es aber, diesen Schülern das verwerfliche Tun ihrer Kameraden vor Augen zu halten. Sie müssen das Gefühl haben, sie helfen dem Lehrer in einer hochwichtigen Angelegenheit zum Wohle ihrer gefährdeten Kameraden. Auf keinen Fall dürfen sie den Eindruck bekommen, sie würden als Angeber missbraucht. Die Befragung hat diskret zu erfolgen, damit diese wertvollen Helfer nicht unter der Rachsucht ihrer moralisch angeschlagenen Kameraden zu leiden haben. Ist dann der Lehrer auf solche Art ins Bild gesetzt worden, wird er an die Beeinflussung der Gefährdeten gehen müssen.« So zu lesen im Jahr 1956.

Wir Buben jedenfalls wurden nie »diskret befragt«. Gab es, wie unter den Pfadfindern, auch unter den Lehrern tolerante Persönlichkeiten, die wenig von den ernsten Diskursen hielten, die Zeitschriften und Bücher füllten? Oder war es nur Bequemlichkeit ihrerseits, waren sie auch schon dem zerstörerischen Geist der neuen Zeit verfallen? Sahen sie, dass die Ideale nicht einzuhalten waren und mit Verboten nichts auszurichten war? Wir Buben lasen jedenfalls »Schundheftli« und »Revolverheftli«, ohne seelischen Schaden zu nehmen. Deren Anziehungskraft wirkte sich sogar bis in die Pfadiübungen aus. In den Jahren um 1960 waren spannende Nacht- und Stadtübungen einsame Höhepunkte im Pfadileben. In diesen Übungen, die mit ausgeklügelten Szenarien versehen waren, traten Spione auf, und Detektive mussten Verbrecher oder Schmuggler verfolgen und Kriminalfälle aufgeklären. Dass dagegen irgendwelche Bedenken erhoben worden wären, ist mir nicht bekannt.

Stadtübungen, über die weiter unten noch mehr berichtet wird, mussten im übrigen natürlich genauestens vorbereitet werden. Der vorbildliche Pfadiführer entwarf ein Drehbuch und streifte schon Tage vorher in der Stadt herum, die ihm am Tag so langweilig, in der Nacht aber sehr viel interessanter erschien. In Erinnerung bleiben ihm Kussgeräusche, die er auf dem Weg durch den Stadtpark hören kann, ein lautes Schmatzen, das nicht aufhören will. Er geht langsamer und sieht ein Pärchen, das sich in einer von Büschen verdeckten Nische auf einer Parkbank küsst. Er geht schnell weiter, aber kann noch heute die Parkbank zeigen, auf der sich die Liebenden küssten.

Hirnforscher mögen die Frage beantworten, warum mich mein Gedächtnis so viel anderes vergessen lässt, aber diese Szene im Langzeitspeicher aufbewahrt.

29

Aber wir sind ja am Bundeslager und verfolgen die Odyssee des Buben weiter, aus dem nun »Munggi« geworden ist.

Allgegenwärtig ist in diesen Zeiten nicht nur der liebe Gott, sondern auch die Reklame. Auch am Bundeslager verlockt sie zum Genuss, natürlich nicht für Marlboro, Chrysler oder Pelzmäntel, aber für Getränke, Esswaren – und Uhren. LONGINES! CERTINA! Die Pfadfinder brauchen zuverlässige Uhren. Und für Pepita wird geworben. Pepita ist gut, Eptinger und Pepita, die Getränke des Kenners. Oder Weissenburger! Weissenburger ist nicht irgend ein Brunnenwasser, sondern ein kostbares und einmaliges Kleinod der Mutter Erde, gesund – erfrischend, nie kältend. Und RIVELLA löscht in Nu den grössten Durst, kältet nicht. Das Inserat im *Canasson* enthält Morseschrift. –.. /.. /. / ... Und mit Merkurmarken reist man 20 Prozent billiger. Neu ist die Florentine-Schokolade von Sprüngli. Buvez Coca-Cola, oui, mes amis, c'est vraiment fameux, ça vous donne encore un entrain du tonnerre.

An die aufdringlichen Reklamen hat sich der Bub gewöhnt, sie gehören zu seinem Alltag. Auch sie wollen ihn erziehen und aus ihm einen begeisterten Konsumenten machen. Im »Thilo« sind sie zu finden, und in den Tageszeitungen – in Winterthur erschienen fünf – versprechen zahllose Inserate eine bessere Welt. Das Leben wird erleichtert durch unzählige Haushaltgeräte, das Wohnen verschönert durch Polstergruppen, Salontischchen und Musiktruhen mit eingebauten Fernsehern. Geschirrwaschmaschinen schenken frohe Mussestunden. Den Käufer erwarten Meisterwerke schweizerischer Präzisionsarbeit, von unverwüstlicher Qualität. Modische Kleider, Anzüge, Hüte, Zigaretten und Nylonstrümpfe machen aus den einfachsten Leuten elegante Erscheinungen. Und höchst beeindruckende, von Jahr zu Jahr verbesserte Autos aller Marken laden zu grenzenlosem Fahrvergnügen ein.

»Das offizielle Pfadfinder-Verbandetui KIM enthält alles in genügender Menge zum Verbinden grösserer und kleinerer Verletzungen. Es ist praktisch, weil nachfüllbar, hygienisch und billig.«

»Allzeit bereit ist nicht nur der Pfadfinder, sondern auch sein Schreibgerät, der Pelikan-Füllhalter.«

Dienstag 31. Juli
Reisetag Wetter schön.
Tagwache 6.30h

Es wurde sofort aufgebrochen. Das Essen wurde mitgenommen. Nach ca. 1 Std. Fahrt erreichten wir ein Dorf, das der Eingang zu einer Schlucht war. Diese Überwänden wir in einer Marschzeit von 2 Std. Oben wurde angehalten und zMittag und zMorge gegessen. Dann marschierten wir bis auf die Passhöhe. (Lucmanier) Von dort gingen wir nach Neveville, wo wir nach 1 Std. Schiffahrt Biel erreichten. Mit der SBB fuhren wir nach

Reusil. Dann mussten wir todmüde zu den Zelten zurückrennen.

Es war nicht der »Lucmanier«, sondern der Chasseral, den wir überquerten. Und das Schiff wurde in Neuveville bestiegen. Dieser Ausflug war wunderbar, aber auch sehr anstrengend. Ich war am Abend, auf dem langen Rückweg zum Lager, am Ende meiner Kräfte und hatte an beiden Fersen grosse offene Blasen. Ich zeigte sie später im Tipi den Rovern, die auch für den Sanitätsdienst zuständig waren, und erhielt dort Pflaster und auch etwas Trost. Unvergesslich bleibt mir dieser Besuch bei den Rovern, die erstaunt und sogar entsetzt die Blasen betrachteten und auf beide Wunden Pflaster klebten, die allerdings wenig halfen.

Mittwoch 1. August
Morgens und Mittags wurde nicht viel unternommen. Am Abend marschierten wir nach Saignelegier an die grosse Bundes-Feier. Eine grosse Bühne auf beiden Seiten je zwei Lagerfeuer war aufgestellt. Zu allem Unglück setzte der Regen ein. Wir hielten nicht lange aus um 21.30 rannten wir im Fackelschein heim.

30

Zu gemeinsamen Anlässen kamen Fähnlein und Trupps aus allen Teilen des weit verstreuten Lagers zusammen, höhere Führer erschienen, bedeutende Persönlichkeiten, Würdenträger, die beeindruckende Titel trugen, die stets auf -meister endeten. Sie trugen mir unbekannte Abzeichen und Pfeifenschnüre in verschiedenen Farben. Lange Ansprachen waren zu hören, Führer wurden geehrt und befördert.

In der Arena von Gruère wurden Orden verliehen. Nicht ganz klar ist, ob es im Ernst geschah oder zum Spass. Die höchste Auszeichnung war diejenige zum *Sacré Grand Maître de l'Ordre des Chevaliers du Haut-Crêt*, sie wurde dem Bundesfeldmeister übergeben. Die zweithöchste war diejenige zum *Sacré Chevalier*. Wer diesen Orden erhielt, war gewiss Oberfeldmeister, Hauptfeldmeister oder Kantonalfeldmeister. Und an weitere Chargen werden die Titel *Sacrés Ecuyers* und *Sacrés Pages* verliehen.

Verstanden habe ich nicht viel, aber staunend stellte ich fest, dass ich ein winzig kleines Teilchen einer unüberblickbar grossen Organisation war, die Hunderte von Trupps und Tausende von Fähnlis umfasste, alle mit romantischen Namen, alle mit Bezügen zu Ritterburgen, Helden und Heiligen, alle jetzt hier versammelt, in einem Heerlager, in Zelten, alle mit Fahnenstangen, Totempfählen und Kochstellen, auf denen bekanntlich immer nur das beste Essen produziert wurde.

Ich verstand nicht, wie das alles zusammenhing und aufgebaut und organisiert werden konnte. In höheren Regionen lebten offenbar sehr tatkräftige Herren, die hier in kurzen Hosen erschienen und geehrt wurden, weil sie für den Betrieb dieses Lagers und überhaupt für die gesamte Pfadiwelt verantwortlich waren. Sie beschlossen Lager, sie gründeten neue Abteilungen, führten neue Abzeichen ein und schrieben wohl auch die Gesetze und Anleitungen, nach denen sich meine kleine Existenz zu richten hatte. Sie liessen Ausweise drucken, Uniformen anfertigen, Hemden, Hüte und Gürtel. Sie erschienen mir wie Götter, die meine Taten beobachteten und für den strengen, schulmeisterlichen Ton verantwortlich waren, der von oben zu uns Buben hinabdrang, uns aber nicht immer überzeugte.

Wenn wir den Charakterisierungen der Schlüsselfiguren der Pfadfinderbewegung Glauben schenken wollen, so waren es laut meinen Quellen ausnahmslos markante Persönlichkeiten. Führergestalten mit internationalen Kontakten, belesen, sprachgewandt, gar Freunde und Vertraute des legendären Baden-Powells. Charismatische, sehr energische und kantige Menschen. Einer bekannt durch sein Temperament und seine treffsicheren Sprüche, ein anderer durch seine fachliche Kompetenz und seine Gewissenhaftigkeit, und ein dritter durch seine ruhige, besonnene, dabei aber ausserordentlich aktive und zielstrebige Art. – Ein kleines Ergebnis ihrer unermüdlichen Arbeit bestand darin, dass ein Trupp von Hartmannen ins Bundeslager gezogen war.

Man mag sich fragen, ob es wirklich nur Idealismus war,

der diese höheren Führer leitete. War es nicht auch Wichtigtuerei von Herren, die sich als «Chnöpflihauptme» aufspielten, weil ihnen eine andere Karriere verwehrt war? Was bedeuteten diese Empfänge und Reden, diese Masken und Fanfarenklänge? Ich will zu diesen Zeremonien keine negativen Bemerkungen machen. Sie waren Zeiterscheinungen, wie es sie in anderer Form auch heute gibt. Uns berühren sie vielleicht unangenehm, weil wir Distanz zu nationalistischen und militaristischen Ritualen gewonnen haben und uns Worte wie »Lager« oder »Führer« belastet erscheinen. Wir nehmen gerne an, dass die Betroffenen stets oder zumeist das Beste im Sinne hatten: das Gemeinwohl und das Wohl des Landes.

In diesen hohen Regionen, die mir verschlossen waren, gab es auch Ritter. An einer nächtlichen Feier erfolgte tatsächlich auch ein Ritterschlag. Ein Pfadfinder kniete nieder, Fanfaren ertönten, ein Würdenträger hielt ein Schwert hoch und berührte damit behutsam die Schulter des Knienden.

Warum wurden Pfadfinder zum Ritter geschlagen? Ein Ritterschlag bedeutete gewiss hohe Verpflichtungen. Mussten die neuen Ritter nicht ganz besonders tapfer sein, ganz besonders tugendhaft? Mussten sie nicht Witwen und Waisen beschützen und auch die Armen und Schwachen, vielleicht auch die Kleinen mit den grossen Blasen an den Fersen? Bedeutete der Ritterschlag auch, dass der Ritter Knaben erziehen musste, heranzuführen zum grossen Rittertum, einem Rittertum der weiten einsamen Fahrten, der Entbehrungen, der harten Kämpfe gegen Ketzer, Ungläubige, Riesen und Ungeheuer?

Und bedeutete diese Erziehungsaufgabe vielleicht auch Abhärtung, Training, Nachtwachen, Nachtübungen, Nachtmärsche, Klettern, Rennen, Springen, Waffenhandwerk. Für Schwächlinge, Eigenbrötler, Sonderlinge und Muttersöhnchen war da kein Platz.

Und ganz im Geheimen stellte sich dann auch die Frage, ob der Ritterdienst nicht auch etwas mit schönen Frauen zu tun hatte. Gewannen die kühnsten, tüchtigsten und mutigsten Ritter nicht die Gunst der edelsten Frauen, und setzten sie sich deshalb den grössten Gefahren aus und nahmen dabei auch einen frühen Tod inkauf?

Das Rittertum als Vorbild. Es folgt dazu ein Beitrag aus
dem »Suso«:

Es gibt viele Erwachsene, die nicht genug über die „heutige Jugend" jammern und klagen können. Baden-Powell
war von anderem Holz. Er glaubte an die Jugend, und weil
er an die Jugend glaubte, wagte er auch etwas von der
Jugend zu fordern. Meine lieben Pfadi! Auch ich glaube
an Euch, und darum wage ich Euch zu sagen, was ich von
Euch erwarte:

Ganze Christen – Ganze Pfadfinder

Als Baden-Powell die weltweite Pfadfinderbewegung
aufbaute, da stand das mittelalterliche Rittertum vor seinen Augen, jene grossartige Laienkultur mit ihrer Selbst-
zucht, mit ihrem Mannesmut und ihrer Hilfsbereitschaft
gegen Arme und Schwache. Das mittelalterliche Rittertum wurzelt in einem lebendigen religiösen Leben. Pfadfinder sein, heisst das Ideal des Rittertum in unsere Zeit
hineinzutragen. Dazu ist nur der im Stande, der ein gott-
verbundenes Leben lebt. Nur der wird auf die Dauer ein
guter Kamerad sein, der die Selbstsucht überwindet; nur
der wird rein bleiben an Leib und Seele, der verzichten
und nein sagen kann. Das bringen wir nicht aus eigener
Kraft fertig, dazu brauchen wir die Gnade Gottes. Baden-
Powell wollte die Menschen glücklich sehen. Ihr werdet
glücklich sein, wenn Ihr Gotteskinder seid.

Meine lieben Pfadi! Zeigt all jenen, die über die „heutige Jugend" klönen, dass sie unrecht haben. Seid ganze

Christen, die es ernst nehmen mit ihren Pflichten dem Herrgott gegenüber, dann werdet Ihr gute Kameraden, gesunde, glückliche Menschen – ganze Pfadfinder sein!

Das erwartet von Euch

J.H. Burkhart, Pfarrer

Soweit unser Mitteilungsblatt.

Donnerstag 2. August

Heute wurde abgebrochen und Vortächer schon abgeschickt.
Alle Einrichtungen wurden «dem Erdboden gleichgemacht»
Die Rucksäcke wurden schon gepackt.
  Freitag 3. August

Reisetag
Am Morgen wurden die vom Regen sehr nassen Zelte einge-
packt. Die kleineren mussten Papirli auflesen. Endlich kamen
wir tropfnass im Zug an. Biel, Grenchen, Solothurn, Zürich
sahen wir aus den Fenstern. Endlich erreichten wir Winterthur
etwas früher als erwartet.

Wenn ich mehr Eifer verspürt hätte, hätte ich mich
übrigens auch weiterbilden und Spezialabzeichen er-
werben können. Ich war aber vorsichtig und befürchtete,
von den Führern nachher für viele weitere Aufgaben
verwendet zu werden. Also bitte, kein Lagermusikant
oder Tätschmeister und nicht Koch oder Samariter.
Höchstens, wenn es nicht anders geht, Leichtathlet oder
Kundschafter. Als Sterngucker oder Chronist würde
man belächelt, als Koch oder Helfer im Bauernhof aus-
genützt.
  Im »Thilo« allerdings wurden die Fachprüfungen angepriesen. »Die Vorbereitung auf ein Spezialexamen ist
eine ausgezeichnete Freizeitbeschäftigung. ... Gute Spe-
zialkenntnisse sind jedem Pfader von Nutzen und helfen

ihm, anderen nützlich zu sein.« Sodann werden auf fünf Seiten 38 verschiedene rautenförmige Spezialabzeichen vorgestellt.

Spezial- und Meisterschaftsabzeichen. – Alpinist, Chronist, Bastler, Dolmetscher, Bogenschütze, Elektriker, Botaniker, Förster, Gärtner, Lagermusikant, Helfer im Bauernhof, Leichtathlet, Koch, Maler, Mechaniker, Kundschafter, Messdiener, Radfahrer, Musiker, Radiobastler, Photograph, Samariter, Pionier, Schauspieler, Pionier, Schiffsjunge, Signalist, Schnitzler, Skiläufer, Schwimmer, Spielwart, Segelflieger, Sterngucker, Tätschmeister, Wetterwart, Tierzüchter, Zeltler, Trapper, Zoologe.

In Pfadfinderkreisen glaube ich gehört zu haben, dass diese Ausbildungen nicht in dem von den Führern erwarteten Ausmass auf Interesse stiessen. Ich jedenfalls habe nie Pfadikameraden getroffen, die Spezialabzeichen erworben haben. Wer drei dieser rautenförmigen Abzeichen erworben hatte, konnte sie sogar zu einem schönen, gewiss beeindruckenden Sechseck zusammenfügen und so am rechten Oberarm tragen.

33

Was war jetzt eigentlich von »Munggi« zu halten, von diesem etwas sonderbaren Namen? Konnte ich damit leben? Wieder und wieder grübelte ich darüber nach. So ganz wollte er mir nicht gefallen, grossartig war er nicht, aber schlecht auch wieder nicht. Er wies auf etwas Spezielles hin und unterschied sich von den anderen Pfadinamen. War es ein Tiername, stand er für Murmeltier? Hatten Murmeltiere positive Eigenschaften? Waren sie geschickt, flink, mutig, kühn, klug? Jedenfalls waren sie nicht feige, sondern konnten sich dank ihrer Wachsamkeit in ihren unterirdischen Behausungen in einer nicht ungefährlichen Umgebung behaupten.

Die Führer klärten mich auf. Der Name stand für einen, der *munggte*, der immer an allem etwas auszusetzen hatte, und wurde mit Kommentaren begründet, die ich ganz im stillen über nicht essbares Essen abgegeben hatte. Ein Munggi wäre demnach eine eher dubiose Erscheinung, ein Verwöhnter, ein Stänkerer, der sich über das Essen beklagt. Ein Leichtgewicht, das nicht kräftig genug ist, wenn jeden Tag von früh bis spät marschiert oder gerannt werden muss, und das Blasen bekommt, jammert und weint.

Da es das Verb *munggen* aber gar nicht gab, konnte es also mit dem Munggen nicht so weit her sein. Munggen war demnach durch die verunsicherten Führer neu erfunden und in die Welt gesetzt worden. Auf deutsch würde *munggen* dann wohl *munkeln* bedeuten. Ich wäre demnach ein Munkler, einer, der hinter vorgehaltener Hand redet.

Das konnte man, angesichts des unbestreitbar schlechten Essens, durchaus auch als ein Zeichen von Stärke und Durchsetzungsvermögen auslegen. Ich gehörte ja nicht zu den wirklich bösen Stänkerern, ich hatte mich längst nicht zu allem negativ geäussert, auch zu den schauderhaften Latrinen nicht. Dass Munkeln sogar etwas Positives bedeuten konnte, dass man auch *gut munkeln* kann, fühlte ich irgendwie tief im Innern. Und las sehr viel später nicht ohne eine gewisse Erleichterung bei Nietzsche: »Wenn man das Glück hat, obskur zu bleiben, so soll man sich auch die Freiheiten nehmen, die das Dunkel giebt und namentlich gut munkeln.«

Alles in allem war ich nicht unzufrieden mit meinem Namen und nahm ihn hin, so wie ich gewohnt war, alles hinzunehmen. Hinderlich konnte mir dieser Name nicht sein. Er schien mir sogar besser zu sein als die immergleichen und irgendwie fast schon langweiligen Indianernamen.

Andere traf es schlimmer. Der Pfadiname konnte auch eine Last sein, denn die Kleinen waren kritisch beobachtet worden und entsprechend ihren Stärken oder Schwächen eingestuft und benamst. Manche erlebten so eine unangenehme Wiedergeburt. Ein etwas unbeholfener Bub, immer der Schwächste und Letzte, erhielt den Namen »Molch«, ein Name, der, so empfand ich es schon damals, nicht hätte vergeben werden dürfen. Ein anderer Knabe, manchmal etwas langsamer als die anderen, »schwer von Begriff«, wie man damals gerne sagte, wurde »Düse« getauft, was einer groben Karikatur gleichkam,

denn ein Düsentriebwerk war für uns technikbegeister-
ten Knaben das denkbar Schnellste und Kraftvollste.

Konnte man, wenn man Munggi hiess, ein richtiger
Pfadfinder werden? Falls mit diesem Namen etwas nicht
ganz Pfadfindermässiges gemeint war, so habe ich mich
schon ein Jahr später rehabilitiert, als ich mit dem Fähnli
Marder überraschend den Fähnlilauf gewann. Und voll-
ends zu Ansehen kam ich 1961 als Führer des Fähnli Büffel, mit dem ich auch den Fähnlilauf gewann. (Ich habe
die Konkurrenz mit den Büffeln nur einmal gewonnen,
aber lange Jahre lang geglaubt, sie dreimal gewonnen zu
haben.)

In unguter Erinnerung habe ich den ganztägigen, sehr anstrengenden Ausflug, der über den Chasseral nach Twann führte. Der gewiss achtstündige Marsch, über mehr als dreissig Kilometer, führte zu grossen Blasen an beiden Fersen, über die schon berichtet wurde. Die Schiffahrt nach Biel und die Bahnfahrt nach Les Reussilles brachten zwar einige Erleichterung, der einstündige Nachtmarsch aber zum Lager, bei dem Singen und schliesslich noch Laufschritt befohlen worden war, wäre auch für spartanische Knaben kaum zu ertragen gewesen.

Gelächelt haben wir dabei nicht mehr, auch wenn ein Lächeln gemäss den Weisungen der Pfadibewegung erforderlich gewesen wäre. »Ein Pfadfinder lächelt und pfeift in allen Schwierigkeiten.« So hielt es schon Baden-Powell fest. »A Scout smiles and whistles under all difficulties.« Körperliche Ertüchtigung der Jugend, Strapazen und Abhärtung, waren gewiss, dem Zeitgeist entsprechend, der ja auch die Vorbereitung auf den Militärdienst forderte, wichtige Ziele. Etwas mehr Verständnis für die erschöpften Knaben wäre angezeigt gewesen.

Dem Lagerleiter, soeben Jungfeldmeister geworden, will ich keine Vorwürfe machen. Er war ein begeisterter Pfadfinder und nahm seine Aufgaben überaus ernst, so ernst wie dies eben von den höheren Führern in Büchern und Schriften gefordert und in Statuten festgehalten worden war. Es muss wohl immer, in jeder Gesellschaft, solche jugendlichen Idealisten geben, die sich im Übermass bemühen und mit grosser Energie die Ziele verfolgen, die ihnen von weiter oben vorgegeben werden. War ich nicht auch, in späteren Jahren, in dieser Hinsicht zuweilen nicht ganz unschuldig?

Und doch: War es nötig, dass es jeden Tag Tagwache gab, ein frühes Aufstehen und ein Antreten zum Frühturnen, das mit einem Lauf über Juraweiden begann? Ich unterzog mich dieser Soldatenwelt einigermassen mühe- und klaglos, aber doch mit innerer Distanz.

Lange und heftige Regenfälle hatten den Lagerbetrieb in den letzten Tagen erschwert. Durchnässt und müde kamen wir aber schliesslich wieder in Winterthur an. Nie werde ich dieses Gefühl der Errettung, der Wärme und Geborgenheit, diese wohltuende Gewissheit von Schutz und baldiger Erholung vergessen, das ich in den Tagen nach der Heimkehr empfand, in denen meine Blasen ausheilten.

Die Blasen heilten bis Lagerende nicht mehr und blieben auch zu Hause noch tagelang offen. Meine Mutter erschrak, als sie sie sah und erfuhr, dass der Bub noch «tagelang» mit diesen Wunden herumgelaufen war. Sie wollte sich schon bei den Führern beklagen, kam aber nach Rücksprache mit dem Vater davon ab. Dem Vater gefiel auch nicht, was da passiert war. Er hatte aber harte Zeiten erlebt und gelernt, alle grossen und kleinen Misshelligkeiten des Lebens klaglos hinzunehmen. Er wusste, das Klagen in der Regel nichts nützten und war der Meinung, dass der Bub lernen sollte, über solche Dinge hinwegzusehen. Es wird ja nicht das letzte Mal sein, dachte er, dass er geplagt wird und erfahren muss, dass es unangenehme Dinge gibt, die man nicht ändern kann.

War ich vielleicht doch ein Nörgeli? Ein Führer äusserte sich im Mai 1945 im »Suso« zu dieser Erscheinung, die ihn offensichtlich mehr beschäftigte als das Ende des Zweiten Weltkrieges:

Mein lieber Nörgeli!
Ich weiss zwar nicht, warum Du diesen Kosenamen erhalten hast. Aber ich kann es mir leicht denken. Der Name sagt es treffend. Jedenfalls wirst Du so recht kleinlich an allen Kleinigkeiten herumnörgeln, kritisieren, etwas auszusetzen haben. Du wirst mit nichts zufrieden sein!
Wenn Du einen Pfader siehst, der seinen Täschliriemen verdreht hat, so passt Dir das nicht. Hat einer hohe

Schuhe statt halbe, so regst Du Dich auf. Sitzt das Foulard nicht wie bei einem Swing-Boy, so ärgerst Du Dich. Gelingt einer Gruppe beim Fähnlilauf nicht auch der letzte Knoten, so pfauchst Du sie an. Ärger über Ärger – Verdruss über Verdruss!

Deswegen, denke ich mir, hast Du Deinen Namen erhalten, und dann sicher nicht zu Unrecht. Wie aber wäre es, wenn Du ihn zu Unrecht tragen könntest? Das wäre eine Freude für Dich und Deine ganze Umgebung! Und das ist es auch, was mich heute zum Schreiben veranlasst.

Mein Lieber, sicher kennst Du das Wort, das die Spatzen von den Dächern pfeifen: «Mensch, ärgere Dich nicht!» Die Menschen kennen es und ärgern sich doch immer wieder und vor allem wegen Kleinigkeiten. Ganz anders machte es ein alter Klosterbruder, der uns ab und zu besuchte. Er hatte einen schönen Grundsatz und pflegte zu sagen: «Ich habe mich mein ganzes Leben lang bemüht, mich erst am dritten Tag zu ärgern.» Er stand hoch in den achtziger Jahren und er hat mir gewaltig imponiert. Ich habe versucht, ihn nachzuahmen. Hinter diesem Sätzlein steckt etwas Grosszügiges, das eigentlich so vielen Menschen fehlt – vielleicht auch Dir, mein Nörgeli!?

Du meinst natürlich, wenn ich so rede, dass ich diese Kleinigkeiten, die ich oben erwähnte, von der schlechtsitzenden Krawatte usw. ohne weiteres dulde. Nein, sicher nicht. Auch ich verlange Ordnung bis in die kleinste Dinge. Nur dürfen wir darob die grosse Linie nicht vergessen, die Idee, die hinter dem ganzen Pfadertum steht. Die Pfadfinderei aber möchte doch den ganzen Menschen heranbilden, den grossen Menschen formen, nicht den Kleinigkeitskrämer!

Nimm einmal das Gesetz her: »Des Pfadfinders Wort ist wahr«! Also wahr auf der ganzen Linie, ohne Ausnahme. Es gibt kein Markten, kein Feilschen, kein Abstreichen. Eben einfach wahr – grosszügig wahr, bis ins letzte und äusserste. (Name unleserlich)

36

Ich rede hier viel vom Druck, der auf den Kleinen lastete, physischer und psychischer Druck. Es waren die schweren Kriegs- und Krisenzeiten, die sich hier noch immer bemerkbar machten. Nur wenige Knaben waren diesen Anforderungen nicht gewachsen und wieder aus der Pfadi ausgetreten. Was mich betraf, so versuchte ich, nicht ohne Erfolg, mit diesen Sozialisationsinstanzen auszukommen.

Gab es nicht immer auch Freiräume? Ich benutzte sie reichlich und wohl weit mehr, als es die Lehrer, Pfarrer und Pfadiführer erlaubt hätten. War nicht auch gerade diese Fähigkeit, sich geschickt übermässigen Anforderungen zu entziehen, im realen Leben durchaus von Bedeutung? Zum Beispiel später, im Militärdienst? Ich war ein aufmerksamer Schüler, las viel und wusste einiges, aber längst nicht alles, was man 1956 hätte wissen können. Mit zehn Jahren war für mich der Ungarnaufstand nicht viel mehr als eine Indianergeschichte, die sich weit entfernt in einem Land abspielte, das ich nur von der Fussballweltmeisterschaft her kannte, nicht aber von der Politik. Puskas und Hidekuti waren mir bekannt, Imre Nagy nicht. Ich las den braven »Helveticus«, ein Jahrbuch für die Jugend, das ich jeweils zu Weihnachten erhielt. Ich benutzte auch jahrelang den Pestalozzikalender für kleine Tagebucheintragungen und erfuhr dort, dass es eine Unmenge von grossen Persönlichkeiten gab. Namen über Namen! Komponisten, Wissenschafter, Dichter, Maler und Staatsmänner, alle offenbar bedeutender als Baden-Powell, der hier fehlte. Und jeden Tag – wirklich jeden Tag – eine erzieherische Weisheit. Das konnte so aussehen:

»Freitag 11. 1544* Torquato Tasso, ital. Dichter. – Der grössere Ruhm ist nicht, nie zu fehlen, sondern jedesmal aufzustehen, wenn wir fallen.«

»Samstag 12. 1838* Perkin, Erfinder der Anilinfarben. – Das Edle zu erkennen, ist Gewinn, der nimmer uns entrissen werden kann. (Goethe)«

»Samstag 19. 1813* D. Livingstone, engl. Afrikaforscher. – 1873 * Max Reger, deutscher Komponist. – Geduld ist der Schlüssel jedes Erfolges.«

Was konnte, was musste aus einem Buben werden, der sich daran hielt, was der Pestalozzikalender, der Katechismus und der »Thilo« sagten, und der darüber hinaus auch den »Suso« eifrig las?

Ich blätterte aber auch in den schönen Heften des »Du«, das meine Eltern abonniert hatten. Und ich liebte die Micky-Maus-Hefte und las manchmal insgeheim auch ein »Schundheft« mit Tarzan- oder Detektiv-Geschichten und alle Bücher über den Fliegerhelden Biggels, die heute verschwunden sind, weil sie alles andere als politisch korrekt waren. Dass es den Lederstrumpf gegeben hatte, mit seiner gefürchteten Flinte, dem »Wildtöter«, stand für mich fest. Und in Chingachgok und Unkas sah ich Vorbilder.

Schlimm war gewiss, dass ich in der Stadt gerne die Bilder besah, die vor den Kinos in den Schaukästen hingen. Sie zeigten eine ganz andere Welt, voller Farben, Abenteuer, Verbrechen – und voller Laster. Frauen mit Ausschnitten waren zu sehen, und aufreizende Filmtitel lockten massenhaft Besucher an.

»Die letzte Liebesnacht« – was mochte hier gezeigt werden? »Das Blut des Vampirs«, »Zu jung für die Liebe« oder »Das Kabarett der verlorenen Frauen« hiessen weitere Titel. Sobald wie möglich, dachte ich, würde ich diese Filme sehen. Auch »Mit den Waffen einer Frau« war gewiss unbedingt sehenswert und konnte der Weiterbildung dienen. – Glücklich die weniger Neugierigen, die achtlos an diesen Bildern vorübergingen und weniger vom Sturmwind mitbekamen, der blies.

Jedes Kino hatte seinen eigenen Charakter. Es gab die übelbeleumdeten Kinos »Arche« und »Eden«, die zwar schöne biblische Namen trugen, aber als »Revolverküchen« hauptsächlich Kriminalfilme zeigten. Andere Kinos hatten mit Heimatfilmen, mit »Schnulzen« Erfolg, und wieder andere zeigten vor vollen Sälen jahraus jahrein phantastische Monumental- und Abenteuerfilme, »Ben Hur«, »Moby Dick«, »Die zehn Gebote« oder »In 80 Tagen um die Welt«. Wie gerne hätte ich »Es geschah am hellichten Tag« gesehen, wie gerne auch »Draculas Blutnacht« oder »Mit Siebzehn am Abgrund«.

Warum aber war mir der Besuch der meisten Filme verwehrt? Was gab es da zu sehen? Und warum durften alle Erwachsenen einfach so hineingehen? Obwohl die Kirche warnte? Ich kannte bereits die Namen von vielen grossen Filmstars. Brigitte Bardot, Gina Lollobrigida, Marylin Mornroe! Und unzählige andere. Mit vierzehn Jahren habe ich Gina Lollobrigida gesehen, 1960, im Kino Talgarten, im «Glöckner von der Notre Dame». Der Film war nur ab 18 Jahren zugänglich, ich schlich mich mit anderen hinein, mit 14. Die Neugierde war stärker als Angst vor einer Polizeikontrolle und vor allen anderen Autoritätspersonen. Dazu unten noch einiges mehr.

37

Wirbelsturm des Neuen, Malstrom der Moderne! Ich spürte, wie Erwünschtes und Erlaubtes mit Unerwünschtem und Unerlaubtem kämpfte. Das Neue aber war übermächtig und drang in jede Stube und jeden Kopf, Pfadfinder hin oder her, Pfarrer hin oder her. Wohin würden uns diese Kräfte tragen? Manche mochten denken, dass die Welt reif für den Untergang war. Und manchen mag dieser Gedanke nun auch im Frühjahr 2020 durch den Kopf gehen.

Von den politischen Tagesfragen erfuhr ich wenig. Was mochte es nützen, wenn wir die Namen der sieben Bundesräte auswendig aufsagen konnten? Die Namen, die auch sechzig Jahre später die Mehrheit der Schweizer nicht alle kennt? In den anderen Staaten gab es keine Bundesräte, sondern Präsidenten. Aber wer war in Deutschland Präsident, wer in Frankreich, wer in den USA? Auf den Briefmarken waren sie zu sehen. In Spanien herrschte ein General, Franco. In der Sowjetunion waren immer Bösewichte an der Spitze, die mit einem Atomkrieg drohten und Spionageflugzeuge abschossen. Alle trugen furchterregende Namen. Einer hiess Chruschtschow und war so unzivilisiert, dass er 1960 im Verlauf einer erregten Rede vor der Uno-Generalversammlung seinen Schuh ausgezogen und damit auf den Tisch gehämmert hatte. So jedenfalls wurde es uns vermittelt. Auf Wikipedia muss ich aber nun lesen, dass es bis heute ungeklärt ist, ob er den Schuh nicht nur auf den Tisch gestellt hat.

Das Gefährlichste aber, das aus der UdSSR kam, waren die unbesiegbaren Eishockeyspieler, die stets Weltmeister und Olympiasieger wurden. Aktualitäten hatten nicht selten etwas Unheimliches, Bedrohliches. Wir durften nicht zuviel fragen. Es genügte, wenn wir so erzogen wurden, dass wir bereit waren, wie eben die Pfadfinder oder auch ein abgebrühter Detektiv, in jeder Lage ein Liedchen zu pfeifen.

Musste das alles so sein? Das Morsen, die Kochstellen, die Pfeidenschnüre, das Chiffrieren, die Pfadilieder, die Sakramente, die Nachtübungen? Diese Fragen stellte der Bub nicht. Erst sehr viel später tauchten Fragen auf. Irgendwie war einfach alles da und musste akzeptiert werden, es gab nichts anderes. Zelte, nasse Socken, Uniformen, Spaten, Blachen, Moos, Tannenwälder, Latrinen, chloriertes Wasser. Grosse und Kleine. Die Kleinen namenlos und belächelt, die Grossen mit ihren Titeln und Abzeichen, ihren bestandenen Prüfungen. Und die Herz-Jesu-Kirche mit ihren Beichtstühlen und feierlichen Gottesdiensten, mit ihrem strengen Herrn Pfarrer. Und vor der Herz-Jesu-Kirche musste es auch die grosse Zeughauswiese geben, auf der Rekruten so hart herumkommandiert wurden, dass manchmal einer weinte. Das Schulhaus Geiselweid war da, ein mächtiger Bau, die Pflanzschulstrasse mit dem einfachen Arbeiterhaus der alten Groseltern und dem Schwimmbad Geiselweid mit dem Affenfelsen. Es gab nichts, das man sich hätte aussuchen können.

Irgendwo hoch oben gab es Grosse, Berühmte, Gute und Kluge, Schlechte und Böse, Erfinder, Dichter, Maler, Generäle, Pfadfinderführer, Bischöfe und Präsidenten,

Radrennfahrer, Fussballer und sogar Stabhochspringer und Marathonläufer. Wie und wo sie lebten, war mir ein Rätsel. Alle waren unnahbar, wie die bewunderten Fussballgötter, die auf der Schützenwiese aus den Kabinen kamen und in den Kabinen verschwanden.

Schlachten hatte es gegeben, grosse Ereignisse, Morgarten und Sempach, Giornico und Calven, wie auf den Briefmarken zu sehen war. Aber auch Mafeking! Mafeking wurde von Baden-Powell äusserst heldenhaft und listenreich verteidigt. BiPi hielt mit wenigen braven Leuten stand, 217 Tage lang, und tapfere Knaben halfen ihm dabei. Sie standen einer riesigen Übermacht von grausamen Buren gegenüber, die mit grober Kraft und wenig Verstand kämpften. Die Engländer aber besassen ein unerschütterliches Selbstvertrauen und Durchhaltevermögen, ganz so wie heute die Pfadfinder.

Niemals hätte ich es geglaubt, wenn man mir gesagt hätte, dass ich später im Leben selber einmal fast bis nach Mafeking kommen würde. Gerührt sah ich, auf einer Reise in Südafrika, ein Strassenschild, das nach Mafeking wies. In Zeerust war das, wo wir abzweigen mussten, nach rechts, zum Besuch eines Nationalparks. Ob es wohl in Mafeking eine Gedenkstätte gibt?

38

Abb. 5
Arthur Thalmann, Bundesfeldmeister 1949-1957

Der höchste Pfadfinder in der Schweiz heisst Arthur Thalmann. Er ist Bundesfeldmeister oder BFm. Gewiss ist er ein begnadeter Organisator, ein Vorbild für alle, immer fröhlich, unermüdlich und zielstrebig. Und bei allen Verdiensten ein bescheidener Mensch.

Ist er nicht ein Winterthurer? Ganz gewiss muss er ein Winterthurer sein, so wie vielleicht auch Ernst Thilo ein Winterthurer ist.

Meine diesbezügliche Wissenslücke wird geschlossen durch den »Suso« vom März 1963.

»Am 7. September 1962 wurde in Lausanne Ernest Thilo zu Grabe getragen. Ernest Thilo wurde 1879 in Riga geboren und studierte an der Universität Lausanne Theologie. Er amtete als Pfarrer in Moudon und Bex. Sein Pfadfinderbüchlein, das bereits in über 130 000 Exemplaren erschienen ist, wird heute kurzerhand 'Thilo' genannt. Im 'Thilo' bezieht wohl jeder junge Pfader sein erstes technisches Rüstzeug.«

Auch wenn Thilo kein Winterthurer war, so schien mir doch oft alle Tüchtigkeit der Welt bei den Winterthurern versammelt, beim Nationaltorhüter Elsener, dem besten Torhüter der Welt, bei den Arbeitern der Firma Sulzer, die riesige Dieselmotoren herstellten, mit denen fast alle Schiffe auf den Weltmeeren ausgerüstet wurden, beim grossen Kunstsammler Oskar Reinhart oder bei den Musikern des Stadtorchesters, die im Semper-Stadthaus Freikonzerte gaben. Gar nicht zu reden von Jonas Furrer, dem ersten Bundespräsidenten der Schweiz.

Das bedeutete, dass man sich anstrengen musste, wenn man ein Winterthurer war, und so werden wie die Vorbilder: eine übernatürlich gefestigte Persönlichkeit, ein Edelmensch. Und keinesfalls ein Kaugummi-Mensch oder ein »wishy washy slacker«.

Die Information, dass die Stadt Winterthur die höchste Dichte an Pfadfindern aufweist, überrascht mich nicht. Sind die Winterthurer nicht seit den Zeiten von Jonas Furrer tugendhafter als die anderen Schweizer, arbeiten sie nicht härter, ausdauernder und pflichtbewusster? Sind sie nicht vorbildliche Staatsbürger?

»Wenn von einer pfadfinderischen Eigenschaft erwartet werden muss, dass sie uns Führern vor allem, aber auch jedem Pfadfinder in Blut und Knochen übergehen müsse, dann ist es die Disziplin; und zwar fassen wir hier den Sinn dieses Wortes in seiner strengsten Bedeutung: in der unbedingten Gefolgschaft gegenüber einer uns zugewiesenen Aufgabe.« – So stand es 1933, im »Kim«, dem »Führerblatt«, und so mochte es auch späteren Generationen noch in Blut und Knochen stecken.

Weiter unten in der Hierarchie, auf der Ebene der Fähnliführer und der Oberpfader, war man aber duldsamer und wollte aus den Zöglingen nicht um jeden Preis Helden formen. So ergaben sich doch auch viele ruhige, unbeaufsichtigte Stunden in einer herrlichen, fast unberührten Landschaft, in Wäldern und Wiesen, an Bächlein und Teichen. Ruhige Zeiten verbrachten wir oft auch in Lagern, wenn uns der häufige Regen zu stundenlangen Aufenthalten im Zelt zwang. Dort unterhielt sich jeweils das Fussvolk. Manche schwiegen, manche mochten zufrieden sein, bei anderen hielt sich die Begeisterung aber in Grenzen, und sie unterhielten dann respektlos über die Qualität des Essens und tauschten oder verteilten Kostbarkeiten aus Fresspaketen. Und einmal sprachen sie auch über eine Ansichtskarte, die vom aufmerksamen JFm abgefangen worden war, weil sich auf ihr ein noch Namenloser bei seinen Eltern über das Essen beklagt hatte.

Jahrzehnte später fand ich auch Trost bei Georg Christoph Lichtenberg. »Mangel an Kraft sich zu verteidigen geht bei dem Schwachen in Klage über. Man kann dieses an den Kindern sehen, wenn sie von größeren Kindern unrecht behandelt werden, aber der stille Trotzkopf ist allemal der Beste.«

Aber als echte Pfadfinder waren wir natürlich oft auch im Regen unterwegs, wurden trotz Hut und Windjacke durchnässt und liefen dann tagelang in feuchten Kleidern herum. Auch das gehörte gewiss auch zu einem richtigen Lager.

Spätere Prüfungen, sagte man den Jungpfadfindern, würden dann weitaus schwerer sein. In zwei Jahren würde ich die Anforderungen der Pfaderprüfung erfüllen müssen. Und die Prüfung zum Oberpfader sei dann die Prüfung aller Prüfungen, dort gehe es immer an die Grenzen der körperlichen Leistungsfähigkeit, dort werde nach einem langen Postenlauf noch ein Nacht-OL durchgeführt. Alleine bist du dort unterwegs, ganz auf dich allein gestellt! Aber als Oberpfader bist du dann, mit dem roten Stern am Ärmel, endlich ein vollwertiges, hochgeschätztes Mitglied deines Stammes. Die weiteren Grade, die du noch bekommst, wenn du Führer werden willst, werden dir ohne Prüfungen verliehen, fast automatisch erhältst du die grauen Streifen an der Brusttasche und wirst Jungvenner und Venner. Wie gut das klang, »Venner«! Wieder grüssten aus weiter Ferne alte Zeiten, wieder dröhnten Fanfaren und Schlachtrufe. War ein Venner nicht ein Bannerherr, ein Adeliger, der als Fahnenträger sein »Fähnlein« in die Schlacht führte?

Die Prüfungen haben wir im übrigen stets fraglos hingenommen als etwas Unabdingbares. Prüfungen waren nötig, um gute und tüchtige Pfadfinder heranzuziehen. Erfolgreich bestandene Prüfungen verliehen Status, der sichtbar wurde durch Abzeichen und die am Ärmel getragenen grünen und roten Sterne. Stolz brachten wir die erworbenen Abzeichen nach Hause und trugen der Mutter auf, sie anzunähen. In unserer kleinen Pfadfinderwelt begegneten wir damit Regeln, die auch später im Leben grosse Bedeutung hatten. Auch dort entschieden Schulen und Prüfungen weitgehend über die berufliche Laufbahn und damit auch über Einkommen und Status. Wir waren demnach auf dem richtigen Weg, wenn wir fleissig auf die Prüfungen hin lernten und die damit verbundenen Strapazen klaglos auf uns nahmen.

Für weitere Karriereschritte, für den Jungfeldmeister, brauchte es dann wieder einen Kurs, aber nur einen mit viel Theorie, ohne Prüfungen. Nach der Oberpfaderprüfung war demnach alles klar, danach ging man prüfungsfrei und damit einigermassen sorglos und unbehelligt weiter durch sein Pfadfinderleben. So wenigstens erklärte man es mir. Viel später sah ich, dass zumindest in früheren Zeiten auch auf höheren Stufen höchste Anforderungen zu erfüllen waren:

»Wenn der Kantonalverband so in diesem Jahre sein Führerkader ganz bewußt vor die härteste Bewährungsprobe stellte, so geschah es in der wichtigen Erkenntnis, daß unserm Lande heute ganze, aufrechte Menschen doppelt not tun – jene Männer vor allem: mit einer gesunden Lebensauffassung – mit Opferwillen für die Gemeinschaft!

Um das aber zu werden, braucht es Kampfgeist, denn täglich gilt es, hart zu sein gegen eigene Fehler und Schwächen, gegen Feigheit und Verweichlichung. Nur der wird ein ganzer Mann sein können, der in seiner Jugend schon übt, gegen sich selber Härte walten zu lassen.«

»Mitten in der Nacht – war es unterdessen doch 1 Uhr
geworden – sahen sich die Führer bei der Kiesgrube in
der Nähe von Bäretswil vor die Aufgabe gestellt, sich bei
gespensterhaftem Feuerschein über die steile Felswand
abzuseilen.« (Pfadfinder-Führerausbildung. – So steht es
im »Schweizer Soldat«, Heft 13, 1942/43).

Meine Pfadiwelt reichte nie weiter als bis zum Jungfeldmeister hinauf. Der JFm war mir gut bekannt, er
war der Führer des Trupps, er leitete die Lager, Sommerlager und Skilager, er organisierte die Familienabende
und Wettkämpfe, er bestimmte mit den Jungvennern
und Vennern die Zusammensetzung der Fähnlein. Aber
womit beschäftigte sich wohl der Feldmeister, womit der
Oberfeldmeister, der Kantonalfeldmeister und der Hauptfeldmeister? Mächtige und Vornehme waren es, die sich
in Sitzungszimmern oder gar auf Schlössern trafen. Sie
stellten, so nahm ich an, dann die Gebote auf, nach denen
sich die Pfadfinder zu richten hatten.

Die Hartmannen waren naturgemäss unter den versammelten Völkern und Stämmen besonders zäh und un-
beugsam. Sie liebten Strapazen, sie liebten Regen, Kälte
und Nässe. Sie hatten ja Vorbilder, die in Ritterburgen
gehaust hatten, in Ritterburgen mit dunklen Verliesen
und Folterkammern. Waren die alten Hartmannen wirklich edle Ritter? Begaben sie sich auf Kreuzzüge? Oder
lebten sie von Gewalttaten, ritten aus, schwer gepanzert,
unheimliche Gesellen, Räuber, Wegelagerer, Entführer?

39

Schule und Pfadfinder trugen nur wenig dazu bei, um die moderne, zeitgenössische Welt zu verstehen. Was Tag für Tag geschah, war mir ein grosses, aber zuweilen bedrohliches Rätsel. Die Welt war mir vor allem durch die Briefmarken, die ich von meinem Grossvater bekam, und durch den Sport bekannt. Aus der geheimnisvollen Sowjetunion zum Beispiel kamen unüberwindliche Eishockey-Spieler. Und es gab natürlich die USA, es gab in unendlicher Distanz die vielen Bundesstaaten mit ihren schönen Namen, Tennessee, Alabama, Texas, Illinois. Und es gab New York, mit seinen Wolkenkratzern, wo meine junge Tante lebte. Von Amerika her kam eine unfassbar packende, aufregende Musik. Ich konnte sie im Radio hören, natürlich nicht bei Radio Beromünster, sondern bei Radio Luxemburg, einem amerikanischen Soldatensender, der aber nur bei schönem Wetter empfangen werden konnte. «Negermusik», rief der Grossvater, in dessen Haus wir damals gelebt hatten, wenn sein Enkel das Radio laut aufdrehte, weil er Wunderbares gefunden hatte, das aus Amerika kam. Diese Zwischenrufe nützten nichts. Chuck Berry pulverisierte alles Herkömmliche, Little Richard stellte die Welt auf den Kopf.

Und die neue Musik war auch zu hören, wenn einmal jährlich die Budenstadt auf die Teuchelweiherwiese kam. Was dort aus den Lautsprechern dröhnte, war unglaublich. Es schien mir ganz unfassbar, dass es solche Musik geben konnte. *Tutti Frutti! Long Tall Sally! Good Golly Miss Molly!*

Ich spürte, dass die Pfadilieder nichts gegen diese überwältigenden Klänge waren. Rockmusik war es. Rock and Roll! Das klang grossartig, das war die wahre Musik. *Rock Around the Clock!* Etwas kündigte sich an, übermächtig. Wird es bald nur noch Halbstarke geben? *Mambo Rock.* Kam eine neue Zeit, würde alles besser werden?

Englisch verstand ich nur wenig. Aber jedes Wort war kostbar, kam aus einer besseren Welt. Die riesigen, überlangen Autos hiessen Strassenkreuzer und waren in einer Ausstellung im Volkshaus zu sehen gewesen. Ich bestaunte diese Prachtsexemplare und konnte mir nichts Grösseres vorstellen, als einen Ford Thunderbird zu besitzen.

That's All Right, was hiess das, was bedeutete das? In Deutschland sang Peter Kraus *Sugar Baby* und *Mit siebzehn*. Mit siebzehn, mit siebzehn, ja, mit siebzehn fängt doch erst das Leben an. Man war aber leider nur zwölf, und fünf Jahre hatte man daher noch zu warten.

Und über allem aber herrschte Elvis. Elvis Presley stellte alles in den Schatten, was es bisher an Musik gegeben hatte. Seine die Welt erschütternden ersten Hüft- und Beinbewegungen zeigte er 1956, in den Tagen des Bundeslagers.

Wir hatten nicht die geringste Ahnung davon und sangen brav unsere Pfadilieder.

Pfadfinder müssen den Menschen nützen,
Pfadfinder müssen fröhlich sein, ja fröhlich sein,
holleria hoo, ja die Pfader, die sind froh.

Durfte man überhaupt Rockmusik hören? War das nicht eine Sünde? Die deutschen Schlager hatten wie die Filme zuweilen rätselhafte und beunruhigende Titel. *So geht das jede Nacht* oder *Steig in das Traumboot der Liebe*. Was war da los? Wusste das der Pfarrer, wusste es der Bundesfeldmeister, und was konnte er dagegen unternehmen?

In Amerika aber entstand sich ein Wirbelsturm, der über die ganze Welt hinwegfegte. *Whole Lotta Shakin' Goin' On* oder *Got My Mojo Working* sangen sie dort, *Roll Over Beethoven, Ready Teddy* oder *Be-Bop-A-Lula*.

Was sagt Bi-Pi dazu?

»Paddle selbst dein Kanu und sieh vorwärts. Wenn du dich von anderen rudern lässt, der Gefahr den Rücken kehrst, kannst du Schiffbruch erleiden.«

40

Zwerg erzählt von einem Skilager, wo er in der Not allein über sehr beschwerliche Wege im tiefen Schnee einkaufen ging und erst um zehn Uhr in der Nacht zurückkehren konnte, mit Servelats, die dann natürlich erst am nächsten Tag gegessen werden konnten. Der nächste Tag war aber ein Freitag, an dem Katholiken kein Fleisch hätten essen dürfen. Nach Lagerschluss erhielt Zwerg umgehend ein Telefon des Pfarrers. Ein Knabe hatte zuhause diese Sünde erzählt, und seine besorgten Eltern hatten sich beim Pfarrer beklagt.

Lassen wir wieder einen Präses sprechen:

»Gute Haltung vor Gott«
»BiPi will, dass jeder Pfader durch und durch Edelmensch, ein Edelmann Gottes sei. Wir tragen das Malteserkreuz und wie die Malteserritter müssen auch wir in besonderem Masse Edelleute Gottes sein.

Ritter, Edelleute können wir uns kaum anders vorstellen als in tadelloser Haltung, besonders vor Gott. Auch wir Pfader können und dürfen nicht anders sein.

Nehmen wir zum Beispiel die Kniebeugung: Zeichen der Unterwerfung, Anbetung, des ehrfurchtsvollen Grusses. Eine schlampige Kniebeugung heisst, dass wir Gott nicht ehrfurchtsvoll grüssen mögen. Ein hastiges Zusammenklappen des Körpers, ein kaum angedeuteter kleiner Zwick des Beines ist keine Kniebeugung. Beuge Dein Knie beim Betreten der Kirche vor dem Tabernakel, wenn das Allerheiligste vorbeigetragen wird. Beuge beide Knie, wenn das Allerheiligste ausgesetzt ist.

Grüsse Gott auch, wenn Du an seinem Haus, der Kirche, vorbeigehst. Pfader ziehen dazu den Hut (nicht nur den Pfadihut, sondern auch jegliche zivile Kopfbedeckung) ab. Die grösste Menschenmenge kann dich nicht von diesem Gruss abhalten, denn soll ihretwegen Gott weniger gegrüsst werden? –«

So hatte man es sich in Winterthur gewünscht. Uns beschäftigten diese Ermahnungen nicht gross. In Amerika war alles viel freier, aufregender und spannender! Es gab dort nicht nur Micky Maus, Donald Duck und Daniel Düsentrieb, es gab auch kühne Cowboys und Detektive und alle Arten von Verbrechern. In Amerika stand *Das alte Haus von Rocky-Docky* und in Amerika hängten sie *Tom Dooley*. Niemals hätten wir das singen dürfen.

Hang down your head Tom Dooley
Hang down your head and cry.

So wie ein braver Bub gute Jugendbücher las, sang ein braver Bub gute Lieder.

Hans Spielmann, stimme deine Fiedel
Es geht im Schritt und Tritt
Zum Abschied noch ein lustig Liedel
Wer Lust hat, der singt mit
Wir ziehen in die Weite
Ja weite, wunderschöne Welt hinaus

Frisch auf zum frohen Wandern
Wer Lust hat bleibt zu Haus

Bei den Pfadfindern, aber auch in der Schule und im Religionsunterricht habe ich kaum etwas von den grossen politischen Zeitfragen gehört. Vom politischen Weltgeschehen erfuhr ich nichts. Von irgendeiner Indoktrination, die doch angesichts des Kalten Krieges hätte erwartet werden können, konnte keine Rede sein. Es mutet seltsam an und mag vielleicht nur Täuschung sein, aber mein Pfadfinderleben war in dieser Hinsicht ganz unbeschwert, sorgenfrei, zeitfern – und daher im Rückblick glücklich. Dass es auch auf ein Soldatenleben vorbereiten sollte, spürte ich kaum.

Sollte ich vielleicht nichts vom Weltgeschehen erfahren? Wurden uns absichtlich Ereignisse und Entwicklungen vorenthalten? Sollten wir nicht wissen, dass es Kommunisten gab? Guerillaarmeen? Wasserstoffbomben? Molotowcocktails? Dass Interkontinentalraketen gebaut wurden? Dass es Kritiker gab, Schriftsteller, Philosophen, Professoren? Wir hatten nicht die geringste Ahnung davon. Unsere kleine Welt bestand aus Lassos, Seilbrücken, Fresspaketen, Zelten, Lagertürmen, Disteln, Latrinen, Wimpeln, Gamellen, Florida-Suppen, Porridge und Pfadiabzeichen. Wir kannten nur eine Waffe, das war der Tomahawk. Ganz wie ein Indianer lebte ich in meinem Stamm und meinem Fähnli. Ich identifizierte mich mit seinem Totem, dem Marder, lebte in den Wäldern und nicht etwa in der Stadt. Mein Horizont war begrenzt durch die Wälder, die unsere Stadt umgaben. Was es mit der Schweiz auf sich hatte, lag in mystischem Dunkel.

Was mochte Max Frisch schreiben? Was Sartre in Paris? Was geschah in Kuba, was in China? Wusste das vielleicht Bundesrat Chaudet, der Vorsteher des Militärdepartementes, der das Pfadilager besucht hatte? Gewiss war er manchmal von Sorgen geplagt, gewiss aber auch wie die Pfadfinder aufrichtig, tapfer, fleissig und pflichtbewusst. Wenn er es für nötig befunden hättn, für die Schweiz Atombomben zu kaufen, hätte mich dies mit Stolz erfüllt.

41

Rückblickend erscheint mir diese Pfadiwelt manchmal sehr klein und beschränkt. Die Texte, die ich zitiere, mögen manchen geradezu absurd erscheinen. Und doch: Hatte diese Erziehung (oder dieser Erziehungsversuch) nicht auch ihre unbestreitbar guten Seiten? Vermittelten uns die Pfadfinder nicht Menschenkenntnis und soziale Kompetenzen? Zeigten sie uns nicht, dass Lernen und Ausdauer wichtig waren? Trugen sie nicht dazu bei, uns lebenstüchtigen, brauchbaren Menschen zu machen? Wer in einem Lager brauchbar war, wer gut morsen, gut schätzen und messen oder gar gut kochen konnte, mochte später auch als Bauarbeiter, Angestellter, Versicherungsagent, Architekt, Anwalt oder Beamter brauchbar sein, ganz zu schweigen von der Brauchbarkeit als Ehemann und Vater.

Dass in unserer hochmodernen Welt eine Gesellschaft und ein Staat bestehen kann, benötigt unter anderem auch so altmodische Dinge wie Gemeinsinn, Charakter, Pflichtbewusstsein, Fleiss und Opferbereitschaft. Manchmal will mir scheinen, dass davon in unseren heutigen «Schulstuben» kaum mehr die Rede ist.

Kant schreibt: »Pflicht! du erhabener, grosser Name, welches ist der deiner würdige Ursprung, und wo findet man die Wurzel deiner edlen Abkunft?« – Naturwissenschafter, Biologen, Evolutionsforscher geben heute dazu Antworten. Pflichtbewusstsein, schreiben sie, sei aus der Notwendigkeit kooperativen Verhaltens emtstanden.

Pflicht habe keine edle Abkunft, sondern sei nur Teil einer Überlebensstrategie. Während Jahrhundertausenden hätten Gemeinschaften, die Pflichtbewusstsein entwickelten, bessere Überlebenschancen gehabt.

Wo es Pflichtbewusste gibt, gibt es aber dummerweise auch »Pflichtvergessene«, weil unter Umständen auch das nichtkooperative Verhalten von Vorteil sein kann. Es gibt Systeme, die die Pflichtbewussten benachteiligen und die Pflichtvergessenen belohnen. Bei fehlende Kontrollen im öffentlichen Verkehr erhöht sich die Zahl der Schwarzfahrer.

Heisst ein Haus zum Schweizerdegen,
Lustig muss die Herberg sein;
Denn die Trommel spricht den Segen,
Und der Wirt schenkt Roten ein!
Kommen die Gäst' schön' Wirtin, sie lacht,
Sie hat schon manchen zu Bette gebracht!

Auch dieses Lied hat der Kleine gesungen, mit den Pfadfindern, mit den Rovern, immer leicht beunruhigt von den Worten, die mir zweideutig erschienen, ziemlich abenteuerlich, wie aus einem bösen Märchen. Ich fragte mich, warum dieses Lied erlaubt war, wenn doch andere, harmlosere, verboten waren. Aber die Rover, die es sangen, mit ihren schönen kräftigen Stimmen, die auch im Kirchenchor geschätzt wurden, wussten gewiss, dass in dieser Herberge kein Unrecht geschah. Und vielleicht haben sie die Strophe, in der von der »blutigen Zeche« die Rede ist, nicht gesungen.

Wie auch immer es sich verhalten mochte, das Lied war von unserem grössten Dichter verfasst worden, der gewiss wusste, was zu unserem Vaterland gehörte und was nicht. Das Lied fuhr uns Sängern aber in die Knochen, wir fühlten uns sauwohl und hätten ganz gern dem Wirt und der Wirtin beim Einkassieren geholfen. Man kann nicht immer nur brav sein. – Und irgendwann, wenn der Präses nicht dabei war, kam es noch schlimmer. Dann fuhren wir zur See, waren wir himmelweit von der Herz-Jesu-Kirche entfernt.

Wir lagen vor Madagaskar
Und hatten die Pest an Bord.
In den Kübeln da faulte das Wasser
Und mancher ging über Bord.

Ahoi! Kameraden. Ahoi, ahoi.
Leb wohl kleines Mädel, leb wohl, leb wohl.

Musste man es beichten, wenn man dieses unheimliche Lied sang? Woher es wohl kommen mochte? Wer hat es bei welchen Gelegenheiten gesungen? Seeräuber, Matrosen? Was hatten sie vor Madagaskar zu suchen?

42

Unser Präses spricht!

Auf was kommt es an?

Unser Bundesfeldmeister Arthur Thalmann hat einmal in einem Feldmeisterbrief die Frage gestellt: Was macht eigentlich den Pfader aus? Worin unterscheidet er sich wesentlich vom Nicht-Pfader? Und er beantwortet seine Frage selbst: <u>Kennzeichen des Pfadfinders ist einzig und allein das von ihm geleistete Pfadfinderversprechen.</u>

Das Versprechen des katholischen Pfadfinders beginnt mit den bedeutungsvollen Worten: »Ich verspreche mit der Gnade Gottes zu sein .... «. Der katholische Pfader unterscheidet sich nach meiner Auffassung von allen andern dadurch, dass er von Anfang an den Willen hat: in und mit der Gnade Gottes zu leben. Auf das kommt es an!

Ein rassiger Pfadiführer begegnet auf offener Strasse seinem Präses. Der Präses hatte gesehen, wie sein Führer mit elastischem Schritt, in beherrschter Haltung, von Gesundheit und Kraft strotzend, auf ihn zukam, und dann stramm grüsste. Und da war im Präses plötzlich der Gedanke aufgesprungen: So sollte der moderne Heilige auftreten, voll und ganz Edelmensch! Seele und Leib in vollendeter Harmonie! Diesen Gedanken hatte er auch geäussert, indem er statt eines Grusses sagte: »Du, mein Lieber, du musst ein Heiliger werden!« Und der Präses erklärt ihm, was er damit meine und was er von seinem Führer erwarte, von allen Pfadern erwartet: Im wirklichen katholischen Pfader wohnt jene Grösse, die im sittlichen Leben zur Hälfte sittliche Stärke bedeutet, und somit Ehre, Redlichkeit, festes Wollen, Unbekümmertheit um Wunden, Gerechtigkeit offenbart, und die zur andern Hälfte Schönheit ist, sich verstrahlend in Liebe und edler Kameradschaft, in Wohlwollen und Wohltun. Kurz gesagt: Dieser Edelmensch, überformt vom höchsten Adel der Gotteskindschaft, von Gottesadel der heiligmachenden Gnade, das ist der wirkliche Pfader.

Der Pfadiführer hat seinem Präses fest in die Augen geschaut und ihm noch fester die Hand gedrückt, als wollte er damit sein fest entschlossenes »Ja« sagen.

Der Präses hat ihn noch kurz auf Messe, Sakramentenempfang, Maiandacht hingewiesen, die einzigen Quellen echten katholischen Pfadfindertums. Dann gingen sie auseinander. Dankbar und fest entschlossen. Jawohl, auf das kommt es an!

Euer Präses

Und als Ergänzung noch ein Sätzlein aus dem »Thilo«: »Nur Menschen ohne Herzensbildung sind nachlässig beim Grüssen, während es für alle Pfader eine freudig zu erweisende Selbstverständlichkeit ist.«

43

Was in den Kinos zu sehen war, beschäftigte mich stets gewaltig. In Ergänzung zu Eindrücken, von denen oben die Rede war, hier einige weitere Bemerkungen.

Gezeigt wurde nicht nur »Polizist Wäckerli« und »Ueli der Knecht«, es gab andere, interessantere, aufregendere Filme. Es gab Filme über Aussenseiter, Rebellen, Missratene, die auf Abwege geraten waren. »Die Halbstarken«, so hiess ein Film. Und ein anderer: »Denn sie wissen nicht, was sie tun«. Was war von »Das Fleisch ist schwach« zu halten? Was von »Gier unter Palmen«, was von »Es geschah in einer heissen Sommernacht«, was von »Der Sumpf von Paris«?

Die Welt war voller Gefahren (»Die Grossstadt lauert«), und nur ein gefestigter Charakter konnte sich in ihr behaupten. In den USA mussten unzählige grosse Verbrecher gejagt werden, in Sing-Sing wurde gemeutert, im Wilden Westen rauchten die Colts. Italien und Frankreich waren Länder, in denen fast nur gesündigt wurde. Auch in den Kirchen trieb der Teufel sein Spiel, »Hinter Klostermauern« hiess ein Streifen. Sogar im hohen Norden war manches in Bewegung geraten. »Früchte der Liebe« wurde gezeigt, angepriesen als »die grosse Sensation aus Schweden«.

Namen gingen um die Welt und tauchten auch in Winterthur auf. Elvis Presley war zu sehen, seinen ersten Auftritt hatte er in Töss, im berüchtigten »Eden«, im Film »Rock and Roll«. »Diesen in der ganzen Welt heiss umstrittenen Musik- und Tanzfilm sehen Sie die zweite und letzte Woche im Eden«, war im »Landboten« zu lesen.

Wer sich für den Zeitgeist der Jahre um 1960 interessiert, möge die Jahrgänge des »Filmberaters« oder des »Filmbulletins« konsultieren, einer Zeitschrift, die von den katholischen Jugendorganisationen herausgegeben wurde, zugänglich online bei der ETH-Bibliothek. Kirchliche Kreise beobachteten die ausufernde Filmproduktion sehr eingehend, mit grosser Sorge und mit viel pädagogischem Eifer. Christliche Filmkritiker besprachen Filme und gaben detaillierte Empfehlungen heraus. Im Jahre 1960 wurden z.B. von 310 begutachteten Filmen nur 40 »empfohlen«, 213 »nicht empfohlen« und 57 rundweg »abgelehnt«.

Unter dem Titel »Ziffern der Unmoral« finden wir eine für Moralisten höchst beunruhigende Lagebeurteilung aus dem Jahr 1959.

»Schon im Hinblick auf das Jahr 1958 musste festgestellt werden, dass die Zahl der Filme, die ein unannehmbares Ägernis für die Moral und in der Regel auch für den guten Geschmack bedeuten, im vergangenen Jahr bedeutend grösser geworden ist. Im ersten Halbjahr 1959 hat sich diese Tendenz weiterhin gesteigert. ... In den letzten Tagen haben fast alle Firmen ihr Spielprogramm vorgelegt. Darin finden sich z.B. folgende Anpreisungen: 'Das Aktmodell – Eine attraktive junge Dame entflammt als aufregend schönes Aktmodell die Sinne der Männer. Ein sehr delikater Film, der zwar unbefangen, aber offen und ehrlich die Wirklichkeit der modernen Liebe entschleiert.' 'Die Hölle der Jungfrauen – Junge Menschen im Taumel ausgelassenen Vergnügens und hemmungsloser Lebensgier!'« (Bulletin Nr. 6, September 1959)

Gewagte, auftreizende Filmtitel gehörten zur Welt, in

der wir Buben aufwuchsen. Warnungen vor Filmen lasen wir nicht ungern, wiesen sie doch auf uns unbekannte Welten hin, deren Erforschung noch ausstand und die gewiss interessant sein würde. Würden uns beim Besuch der folgenden Streifen wirklich nur «unannehmbare Ärgernisse» erwarten?

»Frau Warrens Gewerbe«, »Das Bittere und das Süsse«, »Beat Girl«, »Die zornigen jungen Männer«, »La Française et l'Amour«, »Die Liebesnächte der Lucretia Borgia«, »Hiroshima mon amour«, »Il Moralista«, »Zu heiss zum Anfassen«, »Denn das Weib ist schwach«, »Viridiana«, »Paris bei Nacht«.

Man reibt sich die Augen, wenn man die Titel der abgelehnten Filme liest. Es befinden sich unter ihnen auch Klassiker der Filmgeschichte. Man mag den übertriebenen Eifer der Begutachter beklagen, kann aber auch einiges Verständnis haben für die ihre Bedenken, wenn sie konstatieren mussten, dass Abend für Abend in vollen Kinosälen Machwerke gezeigt wurden, die nicht nur aus christlicher Sicht wertlos waren.

44

Es folgen Texte aus dem »Suso«-Mitteilungsblatt.

Das Leben Heinrich Seuses

Heinrich Seuse wurde am 21. März in Konstanz geboren. Das Geburtsjahr steht nicht fest, es liegt zwischen
1295 und 1300. Er lebte eine unbeschwerte Jugend in seinem Vaterhaus, das er, erst 13-jährig, mit einem Domini-
kanerkloster vertauschte. Der junge Seuse wurde bald
nach seinem Eintritt auf seine Fähigkeiten geprüft und
durfte im Kloster bleiben. Nach seinem Gelübde fing er
an, sich zu kasteien.

Er trug lange Jahre eine schwere Kette um den Leib.
Nach seiner Weihe zum Priester, auf die er sich lange in
Philosophie und Theologie vorbereitet hatte, besuchte
er die Ordenshochschule in Köln. Nachdem er dort sein
Studium beendet hatte, wurde er Lesemeister im Kloster
Konstanz. Während dieser Zeit schrieb er das »Büchlein der Wahrheit«. Schon bald wurde er seines Amtes
enthoben. 1330 begann er umherzureisen und sich ganz
der seelsorgerischen Tätigkeit zu widmen. Nach seinen
Erlebnissen und Gedanken, die er auf seinen letzten Lebensjahren gesammelt hatte, schrieb er die vielumstrit-
tene »Vita«. Auch lebte er einige Jahre im Kloster Töss
als Beichtvater. In seinen letzten Lebensjahren schrieb
er viel über seine Erscheinungen und Visionen. Er starb
am 25. Januar 1366 in Ulm (was allerdings nicht ganz fest
steht), und wurde dort in der Predigerkirche begraben.

Am 16. April 1831 wurde er durch Papst Gregor XVI. selig-gesprochen. Sein Fest wird am 2. März gefeiert.

Chlötzli

Wer von den ältern Pfadern oder den Rovern noch mehr vom Leben Heinrich Seuses und seinem Wesen erfahren möchte, dem sei das Büchlein »Minnedienst eines Mystikers« (Schweizer Volks-Buchgemeinde, Nr. 62) empfohlen, aus dem auch die vorliegende Lebensbeschreibung zusammengestellt wurde. Das Bändchen enthält ausgewählte Stücke aus der ersten, vom Helden selbst herausgegebenen Selbstbiographie in deutscher Sprache. Den Stoff hat Schwester Elsbeth Stagel im Kloster Töss ihrem Seelenführer Heinrich Seuse entlockt. Seuse selbst hat ihr Werk überarbeitet und ergänzt. –zu–

Schon nach meiner Zeit, im Sommer 1966, versammelten sich die Suso-Pfadfinder zum 600. Todesjahr ihres Namenspatrons. Das »Suso«-Mitteilungsblatt existierte nicht mehr in seiner alten Form. Aber in der Schweizerische Kirchenzeitung, der Fachzeitschrift für Theologie und Seelsorge, ist ein Bericht über diese eindrücklichen Feiern zu finden (Heft 39/1966):

Stolz marschierten am Samstagabend, dem 27. August, unter Festgeläute die Pfadfinder von Winterthur mit Fackeln über den so hellerleuchteten großen Kirchenplatz. Ihnen folgten die Priester und Ministranten mit dem Weihbischof. In der abendlichen Feierstunde richtete Dr. P. Sebastian Bosch, OP. ein besinnliches Wort an die Zuhörer, besonders aber an die Pfadfinder. Er stellte ihnen den Seligen als ein noch heute modernes Vorbild der Jugend vor Augen. Er erlebte eine schwere Jugend, die wohl die Ursache war, weshalb Seuse schon in sehr jungen Jahren in ein Kloster verbracht wurde. Wie schwer sind oft auch heute diese Jahre für unsere Buben und Mädchen, für welche die Eltern oft vor lauter Geschäften keine Zeit mehr übrig haben. Unter solchen Umständen können den jungen gefährdeten Christen nur mehr die Worte des Evangeliums Kraft und Halt geben, und dies vor allem auch in späteren Jahren, wenn, wie beim seligen Seuse, krasse Ungerechtigkeiten den Mann im Leben niederdrücken wollen. Ein Gebet zu unserem Seligen, dem die ganze Feier galt, leitete über zum eucharistischen Segen, der vom Weihbischof erteilt wurde.

Der Sonntag, 28. August, brachte den Höhepunkt der großen Feier. Um 9.15 Uhr läuteten wiederum die Glocken zum Einzug des Pontifex und zum eigentlichen Festgottesdienst, um die Gläubigen von nah und fern zur Hauptfeier zu rufen. Sie erschienen überaus zahlreich. Die Pfadfinder marschierten mit zahlreichen Fahnendelegationen wieder in die heiligen Hallen, die bis zum letzten Plätzchen besetzt wurden. Der Kirchenchor gab sein Bestes in der »Haydn-Messe« mit den Wechselgesängen aus: »Justus ut palma florebit«. Das feierliche Pontifikalamt verband sich mit dem festlichen Gesang von Chor und Volk, um den seligen Seuse in gebührender Weise zu ehren. Der Weihbischof zeigte in seiner Predigt dem Volk den Seligen als den Mann, der durch sein eifriges Wirken auch in dieser Gegend Spuren seines heiligmäßigen Lebens hinterlassen hat und dafür gebührt ihm auch heute noch unser Dank. Seuse zeigte sich durch seine strengen

Bußwerke als ein Mensch, der mit Christus den Weg des Leidens ging. Er ging aber auch durch seine vorbildliche und helfende Seelsorge den Weg der Liebe, und alle Leiden und Abtötungen, die er auf sich nahm, führten ihn den nicht leichten Weg zur tiefsten Vereinigung mit Gott. So bleibt der Selige für uns Christen zu jeder Zeit ein strahlendes Vorbild. Im heiligen Opfermahle traten viele zur göttlichen Tischgemeinschaft hinzu. Das Lied 'Großer Gott' schloß diese seltene Feier.

Man könnte, mit Blick auf anderes, das im Jahr 1966 geschah, ins Philosophieren geraten und Betrachtungen anstellen über die Gleichzeitigkeit des Ungleichzeitigen.

Es war zweifellos von Vorteil, in der Pfadi wie in der Schule und im Religionsunterricht, wenn man keinen oder möglichst wenig »Seich« machte, brav war, immer aufpasste und immer schön lernte. Viele taten dies mit einiger Berechnung und strengten sich nur soweit an, dass sie nicht negativ auffielen und so nicht unter die Räder kamen. Mir gelang dies in der Regel. Schliesslich war ich doch recht geschickt und schnell und wusste, wie man sich zu verhalten hatte, um in einer anspruchsvollen Lagerwelt eines Bundeslagers zu bestehen. Lernen war wichtig, wer schnell lernte, war im Vorteil, wurde von den Führern bemerkt und geschätzt. Und wer auch lernte, sich mit kritischen Bemerkungen zurückzuhalten, dessen Lagerexistenz war nicht weiter gefährdet.

Später aber, bei den Hohenlandenbergern, war mir das Mittelmass dann doch zu wenig. Ich fand Gefallen daran, aufzusteigen, mich auszuzeichnen und eine gewisse Reputation zu erhalten. So wie ich im Pfaditurnen beim Fussball langsam an Achtung gewann und nicht mehr zu jenen gehörte, die beim Wählen zuletzt zu einer Mannschaft gerufen wurden, so gewann ich an Ansehen innerhalb des Stammes.

Das befriedigte den Ehrgeiz, brachte aber auch viel Arbeit mit sich. Die erworbenen Abzeichen, den roten Stern, der den Oberpfader bezeichnete und die grauen Streifen für den Jungvenner und Venner trug ich mit Stolz, ganz wie die Schwimmabzeichen an der Badehose. Man war jemand.

In früheren Zeiten hätte man zu einer auserwählten Jungmannschaft gehört, die schon ersten Ruhm gewonnen hatte und zu weiteren, höheren Aufgaben bestimmt war. Zu einem Krieger, einem Ritter, einem Burgherrn. Vielleicht auch zu einem Feldmeister? Soweit wollten mich die Schicksalsgöttinnen nicht aufsteigen lassen. Ich wurde nur Fähnliführer und »Häuptling« von einer kleinen Schar.

Ein weiterer Aufstieg interessierte mich auch nicht besonders. Ein Jungfeldmeister hatte als Truppleiter nur selten direkten Kontakt mit seinem Völklein, nur an den Lagern und Familienabenden, aber auch dann standen andere Führer zwischen ihm und den Buben. Und die höheren Grade, so stellte ich es mir vor, bewegten sich wohl nur noch ein einer Bürokratie, ohne Kontakt zum realen Pfadileben.

Auch später, im Berufsleben, hielt ich es mit der Mitte. Ich wurde Chef einer kleinen, leistungsfähigen und geschätzten Gruppe und hatte keine höheren Aspirationen. Was oberhalb von meiner kleinen Arbeitswelt geschah, erschien mir nur zu oft (und natürlich zu unrecht) als bedeutungsloses Wichtigtun.

Meine Pfadikarriere gleicht somit meiner beruflichen Laufbahn. Es ging darum, wegzukommen von den unteren Regionen, sich zu bewähren und aufzusteigen in einen Mittelbau, der bei grosser Selbständigkeit und Freiheit doch eingebunden bleibt in eine grosse Organisation. Ich war ehrgeizig, aber nicht ehrgeizig genug, um zu versuchen, in höhere Regionen zu gelangen.

46

Es dauerte einige Zeit, bis die Wunden verheilt waren, die das Bundeslager dem Buben eingetragen hatte. Unerträglich war es aber nicht gewesen, und ein Austritt aus der Pfadi stand nie zur Diskussion. Ich blieb bei den Hartmannen und entdeckte weiter die vielfältige Pfadiwelt. Es gab während der Woche den völlig ungefährlichen »Hock«, an dem die Führer mit oder ohne den unerschöpflichen Fundus des »Thilo« viel Wissenswertes vermittelten. Sie stellten die Pfadfinderbewegung vor, sprachen vom Namenspatron der Abteilung, von Heinrich Seuse, der Suso genannt wurde, oder erklärten das Morsen, das Krokieren oder den Kompass. Die samstäglichen Übungen verliefen recht harmlos und führten nicht mehr zu Blasen, sondern höchstens zu verrauchten Kleidern, dies wegen den Feuern, die wir in den zahlreichen halboffenen Waldhütten entfachten.

Die Jungpfadfinderprüfung hatte ich am Bundeslager bestanden, jetzt bereitete ich mich auf die Pfadfinderprüfung vor, die nun um einiges schwerer war und aus einem Postenlauf bestand, der grosse Anforderungen stellte. An das Ende der langen Prüfung, die am 11. Mai 1957 stattfand, erinnere mich noch gut. Todmüde erreichten wir, schon in der Dunkelheit, ein Lagerfeuer an der Töss. Ich war dabei unter den ersten, die ankamen. Mit grossem Ernst empfingen uns dort die Führer, die uns vorher an den Posten examiniert hatten. Wir assen die mitgebrachte Verpflegung und tranken Tee. Als alle versammelt waren, fassten wir uns um die Schultern und sangen im Kreis das Beresinalied. Was für ein tieftrauriges, schwermütiges Lied das doch war. Warum mochte es zum Bestand der Pfadfinderlieder gehören?

Unser Leben gleicht der Reise
Eines Wandrers in der Nacht;
Jeder hat in seinem Gleise
Etwas, das ihm Kummer macht.

An diesem Abend zumindest schien uns dieses Lied unserer Lage angemessen. Waren wir nicht soeben erschöpft und durstig durch die Nacht gezogen? Und hatten wir nicht auch vielleicht etwas Kummer? Sollte es nun so weitergehen, ein Leben lang? Alles immer nur Nachtmarsch?

Manchmal, in diesen Jahren, erschien mir das Beresinalied nicht ganz abwegig. Viel lag vor uns, und gewiss auch harte Arbeit und schwere Prüfungen. Auch mein Vater arbeitete hart und fand oft nur Erholung, wenn er sich ein Zigarettli anzünden konnte. Kummer mochte nicht nur er haben, auch andere hatten Kummer, das sah und fühlte der Bub. Besuchten sie nicht deshalb so zahlreich die heiligen Messen, sangen und beteten sie nicht deshalb so kraftvoll, weil sie sich nach Erlösung sehnten? Gab es am Ende doch Linderung? Das Lied versprach sie.

Aber unerwartet schwindet
Vor uns Nacht und Dunkelheit,
Und der Schwergedrückte findet
Linderung in seinem Leid.

Fanden die Schwergedrückten, die im November 1812 den Übergang über die Beresina verteidigten und dabei ertranken, erfroren oder erschossen wurden, wirklich Linderung in ihrem Leid? Die Geschichte dieser heldenhaften Verteidigung war mir bekannt, allerdings in einer Version, die weit von der historischen Realität entfernt war. Ausser Frage stand immer, dass die alten Schweizer Helden waren, die mutigsten, tapfersten und besten Krieger. Der Kampf an der Beresina gehörte wie andere Heldengeschichten zu den festen Bestandteilen meiner Bubenwelt.

Mutig, mutig, liebe Brüder,
Gebt das bange Sorgen auf;
Morgen steigt die Sonne wieder
Freundlich an dem Himmel auf.

Darum laßt uns weitergehen;
Weichet nicht verzagt zurück!
Hinter jenen fernen Höhen
Wartet unser noch ein Glück.

Dass man das bange Sorgen aufgeben sollte, dass die Sonne wieder aufsteigen würde und hinter fernen Höhen sogar noch ein Glück warten könnte, war sicher sehr echt pfadfinderisch gedacht und zeugte von unzerstörbarem Optimismus. Wer diesen Geist aufnahm, in sich bewahrte und mit ihm durchs Leben ging, war sicher ein Mensch, wie sich BiPi ihn wünschte.

47

Nicht alle Lieder dürfen gesungen werden. Zum Beispiel den »Bolle« darf man nicht singen. Auch wenn er im Liederbuch, das der Schweizerische Pfadfinderbund 1957 herausgab, unter den »Lumpeliedli« enthalten ist. Warum darf Bolle jüngst zu Pfingsten nicht nach Pankow reisen? Wo liegt Pankow? Und was erlebt Bolle dort so Schlimmes, dass man nicht davon singen darf? Gibt es, ausser den eigentlich ganz unverfänglichen Strophen, die ich schliesslich doch zu einer späten Stunde am Lagerfeuer hörte, noch weitere, geheime, schlüpfrige, womöglich unkeusche?

Lieder müssen fröhlich und lustig sein. Manchmal aber, nicht allzu oft, durften wir unter den wachsamen Augen des Jungfeldmeisters ein »Lumpeliedli« singen.

Auf der Mauer, auf der Lauer
sitzt ne grosse Wanze.
Sieh einmal die Wanze an,
wie die Wanze tanzen kann.
Auf der Mauer, auf der Lauer
sitzt ne grosse Wanze.

Oder:

Dr Ätti isch i d Bschütti gfale,
räbedi räbedi hollariaho,
s Müetti hätten usezoge,
räbedi räbedi hollariaho.

Wer das sang, musste dies doch wohl nicht beichten. «Auf den Rabenklippen bleichen Knabenrippen» wurde vorsichtshalber auch nicht gesungen.

Klar ist, dass das Liedgut von höheren Stellen beurteilt und notfalls zensuriert wurde. Es war zumeist erbaulich, altmodisch und konservativ, mit einem leichten, aber vergleichsweise harmlosen Beigeschmack von Nationalismus und Kriegswesen. Eine wissenschaftliche Untersuchung käme wohl zu ähnlichen Einschätzungen.

Von allen Liedern ist mir das Beresinalied am deutlichsten in Erinnerung. Glaubte ich, selber immer ein bisschen an der Beresina zu sein? Erfüllte ich in fast aussichtsloser Lage meine Pflichten, war ich treu und tapfer, bis in den Tod? Der Tod war weit weg, aber doch, so spürte ich, lauerte immer irgendwo etwas, eine Bedrohung. Denn ohne Bedrohung hätten wir uns doch nicht unbedingt einer Pfadfinder-Ausbildung unterziehen müssen. War es nicht ein Überlebenstraining? Überleben in der freien Natur, in unwegsamem Gelände? Feuer anfachen, Pfanzen bestimmen, Sternbilder kennen, Spuren lesen, Hütten bauen, Signale senden, Seilbrücken bauen, Wunden verbinden, Verletzungen behandeln? Kämpfen?

48

Sportliche Erfolge waren naturgemäss noch keine zu verzeichnen. Bei den Truppstafetten, die mit Radfahrern, Gepäckläufern, Sprintern und anderen Wettkämpfern stets weltbewegende Ereignisse waren, fanden die Kleinen keinen geeigneten Platz. Und Handball zu spielen, an den Handballmeisterschaften teilzunehmen, stand ganz ausser Frage. Aber als Zuschauer verfolgte ich mitfiebernd die Leistungen der grossen Kämpfer und Sportskanonen.

1957 gewann das neu gegründete Fähnli Marder überraschend den Fähnlilauf. Diese Konkurrenz zu gewinnen, vor allen anderen Suso-Fähnlis auf dem ersten Platz zu stehen, war ein phantastischer Erfolg. Einen ersten Platz hätte ich auch in meinen kühnsten Träumen nicht erwartet. Erste Plätze waren nur für die Allerbesten erreichbar. Die Fussballer des FC Winterthur zum Beispiel, alles grosse Sportler, waren stets weit vom ersten Tabellenplatz entfernt. Die Marder aber standen dort und wurden nach dem Abschluss der Konkurrenz hervorgerufen, mussten sich hinstellen vor den versammelten Völkerschaften und wurden geehrt.

Auch ich leistete einen kleinen und vielleicht sogar entscheidenden Beitrag zu diesem Sieg, indem ich nämlich, ansonsten ein wenig ins Gewicht fallender Mitläufer, an einem Posten bei Schweizer Briefmarken, die ohne den Frankaturwert gezeigt wurden, diesen Wert jeweils richtig angeben konnte. Die Postenchefs zeigten sich hierüber erstaunt und sagten, es habe kaum einer diese Aufgabe

lösen können. So kam es zu einem ersten grossen Erfolgs-
erlebnis. Zum ersten Mal spürte ich den besonderen, ver-
führerischen Geschmack des Sieges, den ich später wieder gerne wieder genoss. Und ein Hochgefühl erfüllte
mich, als das Ereignis später im »Suso« gewürdigt wurde.
»Das neugeründete Fähnli Marder gewinnt den Fähnlilauf mit grossem Vorsprung: 241 Punkte. Auf dem 2.
Platz Pfau mit 229 Punkten. Gratulation zum tollen Erfolg!
Brrrravo, Brrrravo, Brrrravo!«

Und im Jahresrückblick der Pfaderstufe 1957 wurden
wir gleich nochmals gewürdigt:
»Mit Neid mussten alle altehrwürdigen Fähnlitiere
konstatieren, dass der Lauf vom neuen Fähnli Marder
gewonnen wurde.«

Mein Fähnliführer hiess Bijou. Was ein Bijou war,
wusste ich: etwas Feines, Schönes, Gebildetes. Entsprechend empfand ich Respekt vor Bijou, der sich als stets
freundlicher, kluger und militärisch keineswegs »ange-
fressener« Führer erwies, von dem alle viel lernten. Eines
Abends besuchten wir sogar eine seltsame und mir unbekannte Institution, deren Arbeit wir aber kaum richtig
verfolgen konnten, weil wir nur einen in einen Saal füh-
renden Gang betreten durften. Im Saal sassen Männer,
manche wie auf Schulbänken in aufsteigenden Reihen,
andere vorne, ihnen gegenüber. Es war der Gemeinderat,
das Stadtparlament.
Ich war davon wenig beeindruckt und gelangweilt. In
meiner Welt spielten diese höheren Sphären keine grosse
Rolle. Ich kannte sie eigentlich nur, weil ich als Briefmar-

kensammler oder eifriger Leser des Pestalozzi-Kalenders etwas über unseren Staat erfuhr. Ich wusste so, dass es in Bern einen Bundesrat gab, der aus sieben Männern bestand. Ihre Namen konnte ich die ich auswendig hersagen konnte, weil die Pfaderprüfung dies verlangte. Chaudet, Feldmann, Holenstein, Petitpierre, Lepori, Streuli, Philipp Etter. Wie seriös sie aussahen, im Pestalozzi-Kalender, gleich auf der ersten Seite. Noch heute betrachte ich diese kleinen Fötelis gerne. Warum wohl ihre Nachfolger und Nachfolgerinnen seit etwa dreissig Jahren auf den Fotos ständig lächeln oder lachen?

Die Suso besassen auch ein eigenes Lied, mit dem sie zeigen konnten, wie tapfer, mutig und entschlossen sie waren. Den Dichter des Suso-Liedes, den grossen Winnetou, lernte ich nun kennen.

Wänns i de Strasse chidet und chlöpft vom feschte Schritt,
dänn rissts eus Suso-Pfadi, dänn rissts eus ali mit.
Wie schön isch-s doch verusse, öb-s warm isch oder chalt,
was schtört eus Hitz und Chälti, wänns eus doch numme gfallt.

Im September 1958 gab es nämlich eine grosse Veränderung in meinem Leben. Unsere Familie zog um, von der Gutstrasse in der Breite nach der Lindbergstrasse in Oberwinterthur. Alles war neu, Häuser, Strassen, Sekundarschule, Kameraden, Pfadi, Pfarrei. Eigentlich eine ganz andere Welt. Moderner, so schien es mir. Die Wohnung sehr viel angenehmer, neu, mit richtiger Küche und Kühlschrank, richtigem Bad, fliessendem warmem Wasser und Zentralheizung. Wunderdinge, die es an der Gutstrasse nicht gegeben hatte. Die Kohle musste nicht mehr im Kohlenkeller geholt werden, und zumindest eine der vielen Ermahnungen im Pestalozzi-Kalender konnte vergessen werden: »Freudig überrascht werden deine Eltern sein, wenn du am Morgen fünf Minuten früher aufstehst, um aus dem erkalteten Ofen die Asche auszuräumen.«

Die Sekundarschule war angenehmer, die Lehrer gefielen mir besser. Ein kurzer Schulweg führte hinauf zu einem beeindruckend modernen Schulhaus, schön gelegen hoch über der Stadt am Rand des Lindbergwaldes. Gleich unterhalb des Pausenplatzes befand sich eine grosse Spielwiese mit Leichtathletikanlagen, die jährlich Schauplatz waren für die Prüfungen, welche die Pfadfinder im Auftrag des Militärischen Vorunterrichts veranstalteten. Schauplatz auch für unzählige Fussballspiele und das »Pfaditurnen«, das jeden Montagabend stattfand und das ich nun immer besuchte.

Bei dieser Gelegenheit berichte ich eine kleine Anekdote, die zeigen mag, wie sich eine neue Zeit bemerkbar machte, in der sich überkommene Formen des Turnens und der Disziplin nicht mehr behaupten konnten. Im »Pfaditurnen« standen in den Anfängen stets Freiübungen und Geräteturnen auf dem Programm. Bald einmal gab es in der zweiten Hälfte Spiel, zuerst Handball, das von uns als elitär empfunden wurde, dann aber endlich auch Fussball. Fussball wurde so beliebt, dass schliesslich meisten Pfader nur noch zum zweiten Teil erschienen. Am Ende verzichtete Zwerg, als Leiter, von meinen Kameraden und vielleicht auch von mir überredet, wohl oder übel ganz auf die so überaus lästigen Turnübungen, die militärischen Programmen entstammten. Der viel populärere Fussball triumphierte, und tut dies nach meine Wissens bis heute.

Refrain des Suso-Liedes
    Wänn-d Pfader gsesch wo tapfer sind und immer uf de Luur,
dänn chönnts nu Suso-Pfader si, Suso vo Winterthur.

50

Die Pfarrei hiess nicht mehr Herz-Jesu, sondern St. Marien. Mit einem anderen Pfarrer und anderen Vikaren erschien auch sie mir interessanter und moderner zu sein.

Und die Pfadfinder? Was war hier zu erwarten? In Oberwinterthur lebten die Hohenlandenberger, ein mir bis anhin unbekannter Stamm, dem ich mich vorsichtig näherte, denn sein Abschneiden an den Truppstafetten war jeweils nicht sehr ruhmreich gewesen. Bedeutete der Wechsel zu den HO einen Abstieg? Und war nicht auch der Lindbergwald, den man beim Waldlauf in einer Viertelstunde durchqueren konnte, kleiner und weniger attraktiv als der unergründliche Eschenbergwald?

Das Fähnli Büffel nahm mich auf, der immer zu Spässen aufgelegte Führer hiess Sugar, der unermüdliche, stets um unser Wohl besorgte Truppleiter Zwerg. Mir gefiel die entspanntere Atmosphäre, die sich vom Ernst und vom mir härter erscheinenden Wesen der Hartmannen unterschied, ohne dass Abstriche an den pfadfinderischen Grundsätzen gemacht worden wären. Gut möglich ist, dass ein Historiker zum Schluss kommen würde, dass die einzelnen Trupps der Suso und manchmal auch die Fähnli eine eigene, ganz besondere »Kultur« besassen. Die Trupps bildeten eine enge Gemeinschaft, in der unterschiedliche Charaktere und Gruppen zusammenwirkten und jeweils eine eigene, besondere »Atmosphäre« erzeugten.

Ich fühlte mich gut aufgenommen und schnell heimisch. Auch mit dem herrlichen Lindbergwald schloss ich Freundschaft. Mein eigentliches Pfadfinderleben begann erst hier.

Abb. 6
Hohenlandenberger, ca. 1960

Nach den eher gemischten Erfahrungen, die ich 1956 im Bundeslager gemacht hatte, fehlten mir in den folgenden zwei Sommern der Mut und die Motivation, wieder an einem Pfadilager teilzunehmen. Ich zog es vor, mit meinen Eltern am Ägerisee zu zelten und genoss es, dort mein eigener Herr und Meister zu sein.

Mit dreizehn Jahren war ich kräftig genug, um die körperlichen Anforderungen eines Pfadilagers mit Leichtigkeit zu erfüllen, und so wagte ich es, 1959 auch wieder an einem Lager teilzunehmen, mit unternehmungslustigen, fröhlichen und interessanten Hohenlandenbergern. Die Aussicht auf eine weite Reise, ins Engadin und über den

Berninapass hinunter ins Puschlav, wo wir oberhalb von Le Prese auf einer Maiensäss unsere Zelte aufschlagen sollten, war verlockend.

Abb. 7
Hohenlandenberger, ca. 1960

Zwerg war ein umsichtiger, besorgter, väterlicher und toleranter Lagerleiter, der uns viele Freiheiten liess. In Erinnerung geblieben sind mir keinerlei Strapazen und keine Blasen an den Füssen, sondern ein gemütlicher Lagerbetrieb in einer wunderbaren, unberührten Landschaft. Beim Bäcker im Tal unten holten wir uns seltsame, äusserst schmackhafte, mit Anis gewürzte Ringbrote. Auf einer leicht abfallenden Wiese wurde Fussball gespielt, unterbrochen von längeren Pausen, die sich ergaben, wenn der Ball weit unterhalb des kleinen Fussballfeldes gesucht werden musste. Unsere Unternehmungslust kannte keine Grenzen. Was hätte wohl BiPi zu den Ausflügen gesagt, die wir per Autostopp unternahmen? Zwerg hatte nichts dagegen einzuwenden. Ibykus machte es uns vor, er erreichte mit einem Kameraden den Julierpass. Sugar und ich wollten nicht zurückstehen und gelangten bis nach Maloja. Die Pfadiuniform wirkte Wunder, es gab kaum einen Automobilisten, der uns nicht sofort mitgenommen hätte.

Und soll ich gestehen, dass ein ganz besonderer Zauber von diesem Lager ausging, weil eine schöne und kluge Schulkameradin aus dem Puschlav stammte? Sie trug einen klangvollen Namen, und ihrer angesehenen Familie war es wohl zuzuschreiben, dass wir im Puschlav unser Lager durchführten. Zwei ihrer Brüder nahmen nämlich auch an ihm teil. Mit viel pfadfinderischer Selbstbeherrschung ist es mir vermutlich gelungen, mir nicht anmerken zu lassen, dass mich ihre Schwester tief beeindruckte. – Sich nichts anmerken zu lassen! Das gehörte zu unserem Sebstverständnis. An einen Marterpfahl gebunden, hätten wir tapfer und ohne mit der Wimper zu zucken alle nur erdenklichen Qualen erduldet.

Und müest me d'Heimet schütze, mir wäred schnäll parat,
nid eine vo-n-eus Pfader, chäm dänn zum Hälfe z'schpat.
Wotsch öppe-n-an ezs zwiifle, dänn lueg eus nu is Gsicht,
det schtats für immer gschribe, mir känned eusri Pflicht.
(Suso-Lied)

Schon im Februar 1960 war ich wieder mit den HO an einem Lager, dieses Mal an einem Skilager, das – ganz besonders bemerkenswert und aufregend – im Ausland stattfand, in Liechtenstein. Wir bezogen eine Hütte in der Nähe von Malbun. Skifahren war zu diesen Zeiten ein neuer, aufregender, besonderer Sport, ein Skilager ein Ausflug in eine mir noch fremde Welt. Der Schnee lag so tief, dass ich kaum wagte, Ausflüge zu machen, zumal ich ganz unbequeme, vorsintflutliche Ski besass. Wir wurden nicht herumkommandiert, Zwerg liess uns viele Freiheiten, und jeder konnte Tun und Lassen, was ihm gefiel.

In der Weltpresse berichtete ein Reporter über das Lager wie folgt:

»Am 15. Februar reiste eine 20 Mann starke Besatzung des Pfadfindertrupps HO nach der Alp Malbun (FL). In der Hütte (Jugendheim Vaduz) fanden wir die geeignete Unterkunft. Nachdem die nötigsten Einrichtungen vollendet waren, sah man schon sämtliche Pfadfinder auf den Brettern über die gutgelegene Piste sausen. Manche fuhren ab und zu in das nah gelegene Dorf Steg, um die mangelnden Genussmittel zu ergänzen. Die bequemsten hingen sich an den «Idiotten-Bagger» in Steg und liessen sich hinaufziehen. Mit den täglichen Arbeiten wurde jeweils abgewechselt. Das Kochen bereitete uns nie besondere Mühe, und manchal überschritt es sogar die Leistung eines Kochs!

Das Lager hätte gewiss an geisterhaften Nächten gelitten, wenn Munggi nicht die tollkühne Idee gehabt hätte, einen Bären gesehen zu haben. Der leichtgläubige Frosch unternahm sogar eine erfolglose Suchaktion, an der sich noch einige beteiligten. Auch eine kleine Gratwanderung wurde unternommen, und so schritt das von Zwerg gutorganisierte Lager seinem Ende zu. Nachdem wir die Hütte in bester Ordnung hinterlassen hatten, begaben wir uns in den Gottesdienst. Müde langten wir nach dreistündigem Marsch in Vaduz an.

Mit dem Postauto und schliesslich noch mit der Bahn erreichten wir Winterthur wohlauf, und wiederum hatten wir ein herrliches Skilager in die Vergangenheit befördert.«

Petzi hiess der Autor dieses Beitrages. Bald schon war er mein Vertrauter und Freund, mit dem ich bald alle für uns relevanten Vorgänge in Oberi besprach und kommentierte, meistens kritisch und spöttisch, teils aus einer gewissen Distanz, teils aber auch mit Anteilnahme. Mit Petzi und anderen besuchte ich auch stets an den Sonntagnachmittagen den Fussballmatch auf der Schützenwiese, und die Schicksale des FC Winterthur und seiner Spieler beschäftigten uns mehr als alles andere. Endlos konnten wir über deren Leistungen phantasieren.

Mein Ansehen in den einschlägigen fussballverrückten Kreisen war im übrigen besonders hoch, weil ich gleich mit drei Spielern lose verbunden war. Einer meiner Schulkameraden war der Bruder des grossen Dimmeler, der beim FCW Stammspieler war. Und im Wohnblock gleich nebenan wohnte Tochtermann, ein Deutscher, der nur vorübergehend beim FCW spielte, dabei aber einige wichtige Tore schoss. Und im weiteren wohnte der Torhüter der Reserve-Mannschaft, die jeweils die Vorspiele bestritt und eine eigene Meisterschaft kannte, in unserem Haus, im zweiten Stock. Er trug den schönen Namen Marcolin.

52

Bei den »Wölfen«, der Vorstufe der Pfadfinder, war ich nie gewesen. Vielleicht haben die Führer der Hartmannen mich damals übersehen, vielleicht gab es auch diese Stufe noch gar nicht. Für Eltern, die sich fragten, ob sie ihren Kleinen zu den »Wölfen« geben sollten, erschien der folgende Beitrag im »Suso«:

Wenn der Vater mit dem Sohne ...

Vielleicht ist ein Pfadivater, wie ich selbst nun zu werden im Begriffe stehe, dadurch nämlich, dass mein erstgeborener Filius mit zur ersten Auflage der neuen »Wölfe« gehören wird, vielleicht ist also ein Wolfsvater nicht ganz die geeignete neutrale Person, die sich über die Notwendigkeit der Wolfsstufe in der Abteilung Suso aussprechen kann. Item, mag auch meine Ansicht darüber stark blau-weiss gefärbt sein, kann sie doch in der Reihe der Befürwortungen einiges Interessante erhellen. Es sind wohl im Allgemeinen dieselben Überlegungen, wie Sie unsere Eltern damals 1933 hatten, als sie uns »Pioniere« zur neugegründete Abteilung Suso anmeldeten: Die Gewissheit, dass das Elternhaus nicht über einen Wirkungskreis verfügt, der das Kind auch ausserhalb des Hauses restlos zu beeinflussen vermag und dass deshalb eine pädagogische Hilfe, wie sie das Pfadertum nun einmal unbestritten vorstellt, nur erwünscht sein kann. Können wir Wolfsväter von morgen da anders überlegen? Der Drittklässler, bisher noch als beeinflussbares Kind anzusehen, entwächst durch den Verkehr mit den Kameraden seiner Schulklasse rasch der »häuslichen Sphäre«. Er sucht wie alle Buben – das Abenteuer. Er will selbstständig etwas suchen, was ihm das Elternhaus nur unvollkommen zu geben vermag. Dafür sprechen die Gründung von Clubs und Bünden innerhalb der Schule einerseits, wie der Trieb zur »Freiheit« anderseits. Kann da dem Buben etwas Besseres angeboten werden als das Mitmachen in der Wolfsstufe? Wird nicht hier der Drang zur Betätigung in sinnvolle Bahnen gelenkt, findet er nicht hier unter der noch fast mütterlichen Aufsicht der Führerin Kameraden und mit der Devise »Euses Bescht« ein Ziel, zu welchem die Eltern bedenkenlos ja sagen können? Ich glaube im Namen aller Wolfseltern sprechen zu können, wenn ich hier behaupte, dass allein schon die Gewissheit, den Buben in einem glaubenseigenen Kreis zu wissen, den Beitritt zu den katholischen Wölfen rechtfertigt. Dass darüber hinaus dem Pfadfindertum noch jene grossartige Eigenheit zukommt, auf das Streben der Jugendlichen wie nach Mass zugeschnitten zu sein und es sinnvoll zu fördern, darüber brauchen wir wohl kaum ein Wort zu verlieren.

Wolfsvater WINNETOU

53

Wenden wir uns doch zwischenhinein wieder anderen Sphären zu, betreiben wir etwas Pfadigeschichte.

Vielleicht einige Worte zum Verhältnis der Pfadfinder zum Militär und zur Frage, inwieweit in der Pfadibewegung in den dreissiger Jahren auch faschistische Tendenzen bemerkbar waren. Dominik Stroppel kommt ins seinem Buch *Der Schweizerische Pfadfinderbund 1918-1945* zum Schluss, dass es auf der Ebene der Gesamtorganisation zu keinen Kontakte zur Frontenbewegung kam, dass aber bei einzelnen Persönlichkeiten eine Nähe festgestellt werden kann. Eine Abgrenzung dürfte aber schwierig sein. Ein ausgeprägtes Nationalgefühl, die Notwendigkeit einer Vorbereitung auf kriegerische Ereignisse und damit verbunden eine ausgeprägt soldatische Erziehung der Jugend führten dazu, dass in den dreissiger und vierziger Jahren auch in der Pfadfinderbewegung die schon immer latent vorhandenen militärischen Elemente (Uniform, Dienstgrade) stärker betont worden sind.

Auch Baden-Powell wollte die Pfadfinderbewegung nie als paramilitärische Organisation verstanden wissen, sondern stellte stets die oben zum Ausdruck gebrachte geistige und moralische Förderung und die Erziehung zum verantwortungsbewussten Staatsbürger in den Vordergrund. Die schweizerische Pfadfinderbewegung hat diese Auffassung übernommen und sich, wie sich aus verschiedenen Quellen belegen lässt, stets gegen Vereinnahmungen von Seiten des Militärs gestellt.

Louis Burgener kommt in einem Aufsatz in der Allgemeinen schweizerischen Militärzeitschrift (ASMZ) 1963 zur folgenden Einschätzung.

»Pfadfinder und Armee. – Öfters wird den Pfadfindern vorgehalten, sie seien eine vormilitärische Organisation. Unsere Armee braucht keine Vorrekrutenschule, wo man Gruß, Achtungstellung usw. mit den Buben exerziert; dies holt sie selber in wenigen Stunden und mit dem nötigen Ernst nach. Was sie aber nicht ausbilden kann, das sind bergsichere Skifahrer, geländekundige und widerstandsfähige Pioniere, Jugendliche, welche ihre Heimat aus unzähligen Wanderungen zu Fuß oder mit dem Rad, aus vielen Lagern zu allen Jahreszeiten haben lieben und kennen lernen. Je weniger Pfader den Kasernendrill nachahmen und «militärisch» auftreten wollen, je mehr sie ihr eigenes Erziehungsprogranim durchführen, desto mehr dienen sie der Charakterbildung, der Volksgesundheit und der Armee.«

Auch im »Suso« vom Oktober 1946 wird die Frage kurz behandelt:

Ist die Pfadfinderbewegung militärisch?

Unmittelbar nicht, denn auch militärische Übungen gehören nicht zur gewöhnlichen Pfadfinderarbeit. Es gibt Knaben, die den Soldaten das Exerzieren nachmachen. Aber das Exerzieren ist für den Soldaten nicht so wichtig wie die soldatischen Tugenden, Mut und Kameradschaftlichkeit, Treue und Gehorsam, und die sind es, die der Pfadfinder pflegt.

Um es einmal mehr zu sagen: Ich habe die erzieherischen Bemühungen – diese »Pfadfinderarbeit« – nur deshalb deutlich gespürt, weil ich eifrig die zugehörigen Texte gelesen und auch die Mahnworte der Präses immer ernst genommen habe. Bei den Hohenlandenbergern aber, im Pfadialltag, war dieser Druck kaum je bemerkbar. Vom militärischen Geist, den ich später in der Rekrutenschule in fast wilhelminisch-preussischen Formen kennenlernte, war nichts zu spüren. Indirekt allerdings war die Erziehungsarbeit wirksam, lernten wir doch sehr viel Prägendes ganz im Vorbeigehen, gewissermassen »on the job«: Verantwortungsgefühl, Kameradschaft, Pflichtbewusstsein. Wir waren Mitglied einer Gemeinschaft, organisierten Lager, spielten Theater, bereiteten uns für Wettkämpfe vor, schrieben Berichte, entwarfen spannende Übungen, sprachen mit besorgten Eltern und lernten von internen Auseinandersetzungen viel über uns selber und über das Zusammenleben mit anderen.

Damit soll die militärische Komponente der Pfadfinderbewegung aber nicht heruntergespielt werden. Sie war da, im Hintergrund und kaum mehr zu spüren, und sie hätte, bei einem anderen, weniger glücklichen Gang der Weltgeschichte, jederzeit wieder verstärkt werden können.

Und so wurden die Jahre 1959 bis 1962 für mich zu ausgesprochenen Pfadijahren. Übungen, Nachtübungen, Höcks, Fussball (»Tschutten«), Handball, Schwimmkonkurrenzen, Theaterproben, Familienabende, Waldweihnachten, Lagervorbereitungen, Lager, Prüfungen, Übertritte und Taufen von Neulingen nahmen viel Zeit in Anspruch. Dazu kamen die kirchlichen Anlässe, die mit den Pfadi verbunden waren, wie die Gemeinschaftkommunion am Sonntag mit den damit verbundenen Beichten am Samstag, Gespräche mit dem Präses, kleine Wallfahrten und am Ende sogar Exerzitien.

Damit verbunden waren auch unzählige lange Diskussionen und manchmal, so will es scheinen, auch mit Streit. In den Pestalozzi-Kalendern, in denen ich mir jeden Tag einige wenige Notizen gemacht habe, sind dazu nur Stichworte zu finden: »Seich«, »Meis« und »Zorn«. Mein Erinnerungsvermögen lässt mich hier aber wie bei vielem anderen im Stich. Das Gedächtnis führt ein Eigenleben, hat seine eigenen Strategien und bewahrt in den grauen Zellen die Ereignisse sehr selektiv auf. Man ist ihm zu Dank verpflichtet, wenn es zumeist nur das Gute aufbewahrt und problematische Eintragungen löscht.

54

Weil ich kein Instrument spielte und auch kein guter Sänger war, kann ich in diesen Aufzeichnungen leider viel zu wenig über die musikalischen Seiten der Suso-Pfadi berichten. Ich immer nur staunender Zuhörer, wenn an den Familienabenden Bands und Sänger auftraten. Das musikalische Angebot war stets erstaunlich vielfältig und von hoher Qualität, begabte Musiker und Sänger gab es immer viele. Einer von ihnen hiess nicht umsonst Piano.

Zeugnis für diese »Musikszene« ist eine Schallplatte aus dem Jahr 1958, die erst seit wenigen Jahren wieder aus dem Pfadiarchiv unter die Leute gelangte. Einige Pfadikameraden haben die kostbare Scheibe, die nur noch in wenigen Exemplaren vorhanden ist, wieder ans Licht gezogen, digitalisiert und so für die Nachwelt erhalten.

Sie enthält 14 »Schlager« und ist wie folgt beschriftet:

14 Schlager aus Winnetous Revue
zum 25jährigen Bestehen der Kath. Pfadfinderabteilung Suso Winterthur

Es singen und sprechen: Fink, Tschimbo, Pflock, Muus, Pinocchio, Röhre, die Wartenseer N***-Stars und der Suso-Jam-er Chor

Bernhard Weber, Trompete – Tschimbo, Banjo – Muus, Gitarre

1

Betsy Ann – Sheriff Küenzi – Bimbo Bambo Bumbo – Doña Elvira – Zwischen Mast und Klüverbaum – Seemannslied

2

Olé Sombrero – Drü Jahr scho in Amerika – Zillertaler Jodel – Babysitter-Song – Eine Träne in die Seine – Chor der Daheimgebliebenen – Landsknechtsballade – Das Wams geflickt

Der volle Name der Wartenseer N*** Stars sei hier verschwiegen, das Wörtchen mit den Sternen ist ein Unwort, das nicht mehr verwendet werden sollte.

Die teils lustigen, teils besinnlichen Texte spiegeln den Zeitgeist der Fünfzigerjahre wieder. Aufbruchstimmung, Amerikanisierung, Träume von grossen Reisen und Abenteuern! Mit dabei sind auch ausgewanderte »Susoaner« mit ihren Freuden und Leiden.

In »Betsy Ann« macht sich Jimmy, ein alter Cowboy, der mit seiner Harmonika im Städtchen Santa Monika lebt, auf die Suche nach einer alten Liebe. Er reitet nach Rocky Hill, schiesst seinen Colt ab, findet Betsy Ann aber nirgends mehr. Und so bleibt ihm eben nur noch die Harmonika, auf der er traurige Lieder spielt. – *Jippie-eeh, Jippie-ooh!*

Dem »Sheriff Küenzi«, der in Texas für »law and order« sorgt, sind wir oben schon begegnet. Die anderen Lieder stehen nicht hinter diesem »Meisterwerk« zurück.

Was die »Doña Elvira« alles erlebt, will ich nicht verraten. Nur soviel sei gesagt: Sie harrt in der Mantilla im Schloss von Sevilla auf ihren Torero. Dieser ist kein Susoaner, sondern heisst Juanito und stirbt beim Stierkampf – »und streckt alle viere – und ist finito«.

Dann folgen zwei mit kräftiger Seebärenstimme vorgetragene rührende Seemannslieder. In »Zwischen Mast und Klüverbaum« tritt eine Lola auf und verfolgt als schwarzer Schatten einen rastlosen Seemann. Im »Seemannslied« wird viele Male der Äquator gekreuzt und ums Cap Horn gefahren, und Stürme und der Klabautermann können den Seemann aber niemals erschüttern. Trotzig spukt er seinen Priem.

Dann geht es in »Olé Sombrero« nach Mexiko, und wieder versteckt sich unter dem Sombrero ein Winterthurer:

Immer heisser brennt die Sonne nieder
viel kühler wär's jetzt in Vera Cruz
und dem Pedro werden müd die Glieder
es schweigen schliesslich seine Lieder
und er flucht für sich Gottfried Stutz

Und der Gaucho
der kein Mexikaner
war früher mal ein Susoaner
und hiess noch ganz schlicht –
Peter Lutz

Ein kleines Juwel ist schliesslich »Drü Jahr scho in Amerika«. Zu langsam vorgetragenen, traurigen Trompetenklängen, die zuerst an einen Western denken lassen, sich aber als eine Interpretation des Suso-Liedes entpuppen, beklagt ein ein Ausgewanderter in New York sein Schicksal.

Drü Jahr scho in Amerika
nur sälte chunnt en Brief
mich tunket d Wulchechratzer chrumm
und d Freiheitsschtatue schief ....

Und was wäre zur grossen Klage des »Chors der Daheim-gebliebenen« zu sagen? Nur wenig später kam die »Flugi« und trug viele von ihnen in die weite Welt hinaus.

O mir Arme!
Sind immer sind immer no diheime
Öis hätt halt na kei Flugi it Wält usetreit
Sind immer – sind immer no diheime ....

In »Eine Träne in die Seine« besucht Kari mit seinem Marili auf der Hochzigs-Tour die Stadt der Liebe, wobei man den Eindruck erhält, dass die grossen Erwartungen nicht so richtig in Erfüllung gehen wollen. Winterthur und Paris! Das reimt sich nicht so recht, und die beiden sind wohl nicht unglücklich, wenn sie wieder an die Eulach zurückkehren können.

Eine »Landsknechtsballade« und »Das Wams geflickt« bilden schliesslich einen besinnlichen Abschluss.

Für Texte, die ich erst seit wenigen Jahren kenne, stammen von Winnetou. Sie zeigen, dass er nicht nur ein meist zu ernsten Betrachtungen neigender Lyriker war, sondern es nicht verschmähte, für die Suso auch leichtere Kost zu verfassen. Ich bewundere seine Treffsicherheit beim Einfangen der Stimmungen und sein selbstloses Engagement für die Pfadi, das ihm nur in kleinem Kreis Anerkennung und gewiss keinerlei kommerziellen Erfolg eingetragen hat.

»Winnetous Revue« scheint in einer grauen Vorzeit aufgeführt worden zu sein, von der nur Sagen und Mythen überliefert sind. Es gibt über diese Aufführung nur einige wenige Photos, aber keine Berichte, und die Beteiligten, die noch auffindbar waren, erinnern sich kaum mehr an den Familienabend von 1958. Ich selber habe auch keine Erinnerungen, obwohl ich vermutlich dabei war und als kleiner Österreicher im »Zillertaler Jodel« einige Sätzlein zu sagen hatte. Zu jedem Song waren auch kleine Theatereinlagen aufgeführt worden. Die Texte der Lieder können nur rekonstruiert werden, wenn man dafür die Aufnahmen beizieht. Eine Erinnerung allerdings ist geblieben: Ein Kamerad konnte den Text von »Eine Träne in die Seine« noch nach über sechzig Jahren aus dem Gedächtnis fehlerlos niederschreiben.

Abb. 8

Familienabend, 1958. Winnetous Revue zum 25jährigen Bestehen der Kath. Pfadfinderabteilung Suso Winterthur

55

Könnte man vielleicht auch so etwas wie eine »Soziologie«
der Pfadi schreiben? Wer war in der Pfadi? Aus welchen
Familien kamen die Buben? Wieviel verdienten ihre Väter? Wohnten sie in Wohnblocks, in Reiheneinfamilien-
häusern oder in freistehenden Häusern? Besassen ihre
Väter einen Töff, einen Ford Kadett oder einen Jaguar?
Gewisse Unterschiede waren offensichtlich, spielten aber
kaum eine Rolle.

Allein schon der Pfadinamen und die Uniform sorgten dafür, dass die Herkunft nicht mehr spürbar war. Und im Pfadialltag, beim Theaterspielen, bei Schwimmwettkämpfen
oder beim Abkochen zählte diese sowieso nicht. Mit anderen Worten: Die Hohenlandenberger erfüllten eine wertvolle Integrationsfunktion. In unserem Trupp gab es bereits
Kameraden mit »Migrationshintergrund«. Zwerg, die gute
Seele des Trupps, und seine Brüder hatten einen Grossvater, der um 1900 aus Bosnien-Herzegowina eingewandert
war. Ein Bub war 1956 mit seiner Familie aus Ungarn in die
Schweiz geflüchtet. Und »Kalif«, der Sohn eines spanischen
Gastarbeites, wurde von mir ganz besonders geschätzt, weil
er eine traumhaft schöne Schwester hatte. Auch ich bin alles andere als ein alteingesessener Winterthurer, sondern
ein Schwellbrunner, weil einer meiner Grossväter aus dem
Appenzell nach Winterthur eingewandert war.

Wenn es so etwas wie »Klassenunterschiede« gegeben haben sollte, so waren diese am ehesten spürbar beim Schul-

besuch. Wer wie ich die Kantonsschule besuchte, mochte mehr gelten als andere, die in der Sekundarschule oder in der »Werk« war, die diejenigen aufnahm, die es nicht in die »Sek« geschafft hatten. Ich besuchte anderthalb Jahre die Sekundarschule im Lindbergschulhaus und bestand dann im Frühjahr 1960 die Aufnahmeprüfung in die Oberrealschule. Ich besuchte die »OR« vom Frühjahr 1960 an. Dort gehörte ich nicht zu den Klassenbesten, konnte aber den Anforderungen stets gerecht werden. Meine anderen Vorlieben und die Hauptbeschäftigung bei den Hohenlandenbergern musste ich nicht vernachlässigen. Wenn ich mich richtig erinnere, sah ich es nicht ungern, wenn man mich als gescheiten Kopf wahrnahm und schätzte. Ich hielt mich aber doch auch zurück und hätte nie »angeben« können, weil ich soziologisch gesehen eher zur Unterschicht gehörte, als Sohn eines Bauschreiners, der als Gewerkschafter im »Volkshaus« verkehrte und die »Arbeiterzeitung« abonniert hatte.

Bezüglich der Kinder aus Arbeiterkreisen hatten die Pfadfinder früher Vorbehalte, wie im Buch von Dominik Stroppel zu lesen ist. Bei den Pfadis dominierten in den Anfängen der Mittelstand und die Oberschichten. Es gab Abteilungen, die sich gar nicht öffnen wollten. Arbeiterkinder seien «schmutzig, frech, unerzogen», wird 1935 in einem Aufsatz im Pfadiorgan »Kim« als verbreitetes Vorurteil angeführt. Früher war am gleichen Ort vom »schweren« Nachteil zu lesen, »dass sich zur Führung einer Pfadfindergruppe der Arbeiter nicht eignet«. Er habe einmal nicht »die nötige Zeit dazu«, was als Argument ja noch angehen mochte, »und dann fehlt ihm die Vielseitigkeit auf geistigem Gebiete«.

Dieser elitären Haltung widerspricht nicht, dass energisch gefordert wurde, mehr Arbeiterkinder aufzunehmen, um sie dem Einfluss des Kommunismus zu entreissen. »Alle die, die nicht von uns aufgegriffen werden«, fielen womöglich in Hände »einer Bewegung, die nicht davor zurückschreckt, das Blut der Mitbürger fliessen zu lassen, wo immer es für sie vorteilhaft ist«. – So der Originalton dreissiger Jahre, nachzulesen auf der informativen Website *www.scout.ch*.

Auch von linker Seite äusserte man Kritik. Die Arbeiterbewegung sah in den »Roten Falken« eine Alternative zu den bürgerlichen und vom Militarismus geprägten Pfadfindern.

»Wir wollen die Pfadfinderei nicht ganz schlecht machen«, schrieben die Redaktoren im »Volksrecht« einst. »Es steckt allerhand Gutes drin ... Was sich die schweizerischen Pfader in Genf in ihrem Zeltlager aber wieder an militaristischer Drillerei leisten, ist doch allerhand. Herrn von Bonstetten, der schweizerische Pfaderführer, der nicht nur das Wappen der Wittelsbacher im Schilde führt, sondern auch noch echt bayrisches Blut in seinen Adern rollen hat, nimmt dort ein Defilé ab. In Reih und Glied, mit Fahnen und Spiel, müssen die Kinder vor seinem gestrengen Blick defilieren. Wäre Herr von Bonstetten nicht in unserer Armee besser am Platze?«

Glückliche Hohenlanderberger-Jahre! Von den politischen, gesellschaftlichen oder konfessionellen Spannungen, die vor zwei oder drei Jahrzehnten das Zusammenleben erschwert hatten, war nichts mehr zu spüren. Sie waren, wenn es sie denn bei den Suso gegeben hatte, seit langem verstummt.

56

Die Familienabende erlebte ich aus neuer Perspektive. Ich war nicht mehr der Bub, der vor dem geschlossenen Vorhang mitfieberte oder nur winzig kleine Rollen bekam. Bei der ersten Aufführung, bei der ich mitwirken durfte – vermutlich in »Winnetous Revue« – , hatte ich einen Österreicher zu spielen. In Lederhosen, die mir ein Klassenkamerad ausgeliehen hatte, hatte ich mutig zwei Zeilen hinaus ins Dunkel des Saals gerufen.

Jetzt war ich Organisator und Schauspieler, von Jahr zu Jahr in wichtigeren Rollen. Einmal war ich Untersuchungsrichter und ein Jahr später sogar in der Hauptrolle HD Läppli. Ich erinnere mich nicht mehr an das Stück. Es war, wie andere Theaterstücke und das Suso-Lied, von Winnetou geschrieben worden, einer ehrwürdien Erscheinung, »gefestigt«, konservativ, gläubig, aber ganz ohne militärischen Einschlag. Das Stück ist wohl verloren gegangen, hatte aber gewiss mit der damals bekannten, von Alfred Rasser geschaffenen Figur zu tun. Ich trat in Uniform auf und tat so blöd wie ich es eben konnte. Das Militär kam nicht gut weg. Einmal musste ich rufen: »Wo ein Wille, da ein Weg!«. Bei den Proben ging es hoch zu und her, die Photo auf dem Umschlagsbild mag das bezeugen.

Längst nicht alles blieb mir in Erinnerung. 1961 finde ich im Tagebuch einen Eintrag über den Familienabend. »Am Samschtig zwüschet zwölf und zwei« hiess das Theaterstück. Es gab offenbar zwei Vorstellungen, die zweite dauerte bis 23.30. Ich kam erst nach Mitternacht ins Bett. Ich frage mich, was mein Erinnerungsvermögen wert ist, wie sehr es mich wohl täuscht.

Keine Täuschung besteht bei Papa Bue's Viking Jazzband. Aus Kopenhagen! Ich war auf dem Laufenden in Sachen Jazz und musste die Hits der Band des Posaunisten Arne Bue Jensen sofort kaufen. Auf einer kleinen, wunderbaren 45er-Platte, die 1959 erschien, waren »Schlafe Meine Prinzchen« und das »Wiegenlied« zu finden. In bester Erinnerung ist mir geblieben, dass ich sie auflegte, in der Pause des Familienabends im vollen Saal des Pfarreihauses, 1960 mag das wohl gewesen sein. Ich hatte mein kleines Lenco-Grammophon mitgebracht und auf das alte Klavier gestellt. Das Grammophon war erstaunlich leistungsfähig, vermochte sehr wohl den ganzen Saal zu übertönen. *Listen to the fantastic climax on trumpet!*
Ich sah mich unruhig um, wollte mich vergewissern, dass keiner der vermutlich altmodischen Erwachsenen und schon gar nicht der H.H. Pfarrer am Dixieland Anstoss nahmen. Die Musik erregte uns, trieb uns an, wir liefen mit schnellen Schritten zwischen den Stuhlreihen, als etwas Besseres, Höheres, Schnelleres, bereit, Widerstand zu leisten, wenn ein Befehl gekommen wäre, Papa Bue leiser einzustellen oder ganz wegzunehmen. Und hofften natürlich auch, von den Mädchen beachtet zu werden. Wenn wir nicht schon selber diese Musik machen konnten, selber mit Posaune oder Trompete antreten konnten, wovon wir träumten, so hofften wir doch mit dieser herrlichen neuen Musik Eindruck zu machen und

vom Abspielen der Platte profitieren zu können. Klang es nicht wie das Versprechen eines besseren, moderneren Lebens? Mit Wohnwand, Geschirrspüler, Fernseher – und Thunderbird?

Und jetzt wieder der »Suso«, unser Weltblatt. Unser Star-Reporter Petzi berichtet.

HOHENLANDENBERGER FAMILIENABEND
am 19. November 1961

12 JAHRE HOHENLANDENBERGER ist zwar kein Grund zum Feiern, doch war gerade dieses zwölfte Jahr das erfolgreichste seit Bestehen des Trupps, dass es wohl schade gewesen wäre, es zu unterlassen. Ich will nicht nochmals alle Siege und Höhepunkte aufzählen, denn sonst müssten sich nämlich die „Suso-Drucker" über Überlastung und Platzmangel beklagen!

Zwei Vorstellungen fanden am 19. November 1961 im Saal der St. Marienkirche statt. Bereits grosser Andrang war bei Öffnung der Kasse zu verzeichnen. Um 19 Uhr war der Saal voll und unser »Wir vom Pfad« begrüsste die Zuschauer trefflich. Unser Präses H.H. Vikar Hug sorgte mit seiner Ansprache, die kurzweilig und zutrefflich wirkte, für riesigen Applaus. Unsere sechs Mann starke Band wusste eine Bühnenpause (Kulissenschieben) geschickt auszunützen und wurde ihrer Rolle auch weiterhin gerecht. Nun nahmen die Pfader das Geschehen in ihre Hände und offerierten ein Pfaditheater. Der Autor Herr Amann v/o Winnetou schien mit dem »Dritten Mann« nicht zufrieden zu sein und betitelte es fortschrittlich

»Der Vierte Mann«. Die Schauspieler wussten die Sympathie des Publikums durch ihre hochstehende Leistung zu erringen. Für die Fortsetzung des Programms waren anschliessend Wölfe verantwortlich. Wohl keiner der Anwesenden hätte es geglaubt, dass die Kleinsten unseres Trupps soviel Applaus ernten würden, und ihre beiden Tänze zweimal aufführen müssten. Der Volkstanz sowie der Indianertanz liessen an Wünschen gar nichts mehr übrig. Um den vom Klatschen bereits schmerzenden Händen eine kleine Erholung zu erlauben, fand unsere Band weiterhin Gelegenheit, ihr Können an den Tag zu legen. Auch ein Wettbewerb, bei dem verlockende Preise winkten, wurde in dieser Pause abgewickelt.

Dann nahm das Programm einen etwas aussergewöhnlichen Fortgang und wechselte von der Bühne auf die Leinwand. Dias-Reklamebilder, die ein Meisterwerk der Photographie verrieten und mit zutrefflichen Worten anempfohlen wurden, sorgten für Abwechslung. Noch ungewohnter war jedoch der darauf folgende Film. Während rund 15 Minuten kamen die Zuschauer in den Genuss eines von den Pfadern selbst gedrehten Spielfilmes. Dieser Farbfilm gab den Pfadi-Interessierten eines Einblick in dessen Leben. Hier will ich den Komentar unterlassen, Ehrensache! Wer ihn gesehen hat kann seine Qualität bezeugen. Es folgte die Preisverteilung des Wettbewerbs, und dann bahnte sich der letzte Höhepunkt den Weg zur Bühne. »Columbus« nannte sich das von der Roverrotte Torero dargestellte Theater. Autor war wiederum Winnetou. Es versetzte uns in die Zeit der Entdeckungsfahrten und zeigte uns Christophero Columbus auf der erfolgreichen Fahrt nach Amerika. Auch sein grösster Gegenspieler, Don Cäsar, war auch an Bord und deshalb kam es auch zu grösseren Zwischenfällen, die die Rover wirklich mit bestem Können und grösstem Einsatz vortrugen. Der Applaus bestätigte dies wirklich in allen Hinsichten. So nahm dieser mit viel Mühe und Sorgfalt aufgebaute Abend sein Ende, und Zwerg verabschiedete uns nur ungern von der jubelnden Menge, doch mit dem sichern und zufriedenen Gefühl, wieder einmal mit seinem Trupp das Maximum geboten zu haben. Wir werden sicher noch manche Jahre die Erinnerungen an diesen Abend in uns wirken lassen. – P e t z i –

57

Wänn mir dänn Manne werdet und händ keis Fular meh,
dänn söllid ali Mänsche in eus no Pfadi gseh.
Dänn schtömer fescht wie Süüle, ischs Läbe au-e Hetz,
und hebed zum Verspräche und schtönd zum Pfadigsetz.

Es wird Zeit, etwas von Winnetou zu berichten. Erschien er mir nicht immer wie eine Verkörperung der
Ideale der Pfadfinderbewegung? Einer von diesen «Edelmenschen», die aus der Pfadi hervorgehen konnten und
diese stets aufmerksam und hilfsbereit weiter begleiteten?
Er führte, soviel ich bemerkte, ein sehr vorbildliches katholisches Familienleben. Er hatte zwei Söhne, die natürlich auch in der Pfadi waren, zuerst bei den Wölfen. Die
Gedanken, die sich der »Wolfsvater« dazu gemacht hat,
habe ich oben eingefügt. Der ältere, der auf den edlen Namen Hirsch getauft wurde, war mit mir im Fähnli Büffel
und massgeblich mitverantwortlich für seine Erfolge, von
denen noch berichtet werden muss. Hirsch ist Schriftsteller geworden und hat in »Die kleine Welt« und anderen
Büchern verschiedentlich Oberi beschrieben.

Winnetou (1920-1998) hatte einen guten, geachteten
Büroberuf. Er war Korrektor bei einer Winterthurer
Tageszeitung und somit verantwortlich für das richtige
Deutsch, das ja damals wie heute nur von wenigen be-
herrscht wird. Winnetou war aber auch Dichter. Er
schrieb nicht nur Theaterstücke für die Pfadi, die an den
Familienabenden der Hohenlandenberger aufgeführt
wurden, sondern auch Gedichte. Ihre Überschriften

mochten wie folgt lauten: *Jungenfahrt, Nachtlied, An die Freunde, Geleitspruch, Fechterspruch.*

Fechterspruch
Alle sind wir im Fechtsaal des Lebens
Hieben und Stichen ausgesetzt,
und wir wissen es: trotz allen Strebens
bleibt keiner verschont und unverletzt.

Wohl kennen wir Finte und Parade
wissen von Wunde, Flucht und Krieg –
alles andere aber ist Gnade,
und nur aus der Gnade blüht der Sieg!

Ich habe diese Gedichte erst vor kurzem kennengelernt. Winnetou hat kein Aufhebens davon gemacht, und nur eine kleine Auswahl ist publiziert worden. Im Schweizerischen Literaturarchiv werden sie aufbewahrt, als Teil des Nachlasses seines auf literarischem Gebiet erfolgreicheren Sohnes. Auch diese Werke gehören zu den die atmosphärischen Strömungen, die uns damals berührten. Aber neben Papa Bue's Viking Jazz Band oder Chris Barber's Jazz Band hatten sie einen schweren Stand. Was konnte uns ein »Fechterspruch« bedeuten, wenn Ottlie Patterson »Easy Easy Baby« sang? Gab es vielleicht ein »baby«, das »easy« war? Nichts war »easy« in diesen Zeiten …

Chris Barber trat sogar einmal in Winterthur auf, im bis auf den letzten Platz gefüllten Saal des Volkshauses, ohne Ottilie Patterson, aber mit anderen Berühmtheiten, mit

Pat Halcox und Monty Sunshine, deren Solo-Einsätze jeweils gewaltig und ehrfurchtsvoll beklatscht wurden. Wer dabei war, glaubte im Paradies zu sein.

Winnetous Gedichte erreichten mich also nicht. Aber seine Ermahnung im »Suso«, die hier folgt, wird mich doch vielleicht berührt haben:

Dinge, die zu uns gehören ...

Wir und die Kunst
Es wird Herbst und damit jene Zeit, in der wir wieder vom grossen Vorgehen in der Natur berührt und ergriffen werden. Es kann sein, dass wir dann nach Dingen das Bedürfnis haben, von denen wir wissen, dass sie nicht leicht vergehen werden.

Wir brauchen Unvergängliches, das uns über die herben Herbstabendstunden hinweghilft. Wir brauchen das Reich des Schönen, das uns zu uns zurückführt. Und wer anders als wir SUSO-Rover hätte solche prachtvolle Möglichkeiten? Man kann keine Gebrauchsanweisungen für Kunstgenuss herausgeben. Jeder verarbeitet die Eindrücke, die er empfängt, auf seine persönliche Weise. Dennoch möchte ich einige Dinge antönen, an die wir uns heranmachen könnten. Sie brauchen deswegen nicht im offiziellen Programm eingebaut zu sein.

Da wäre zum Beispiel das Reich der Dichtung, das nicht zu erschöpfen ist. Wollt Ihr nicht mal zusammen ein Schauspiel lesen oder eine Novelle oder Gedichte? Auch die Veranstaltungen des »Kunstkamins Winterthur« oder der »Literarischen Vereinigung« stehen Euch offen. Die

Vorstellungen des Schauspielhauses Zürich lassen auch nicht mehr lange auf sich warten. – Wo der Wille ist, findet sich auch bestimmt der Weg.

Oder die Musik? Wir als Winterthurer sollten uns die Freikonzerte im Stadthaus nicht entgehen lassen. Da finden wir von erstklassigen Musikern geführt am besten den Anschluss in die höhere Sphäre. Ein Sprung in eine Oper in's Stadttheater Zürich liesse sich ebenfalls gut schaukeln.

Oder gefallen Dir die Bilder? Lass Dich mal mit einer Führung durch eine der Kunstausstellungen im Museum geleiten. Du wirst bestimmt ein geschultes Auge für Kunst oder Kitsch bekommen. Du wirst unterscheiden lernen und Dir ein Urteil über manches Bild anmassen dürfen.

Denk an den Leitsatz für Rover, der befiehlt, dass wir unseren Horizont erweitern sollen. Und Kunst ist nach Rilke das Bedürfniss des Einsamen sich selbst zu erfüllen.

Mach Dir einen fruchtbaren Herbst!

Winnetou

Die alten Römer kannten den Begriff der *auctoritas*. *Auctoritas* besassen Persönlichkeiten, die aufgrund ihrer höheren Einsicht, Erfahrung und Urteilsfähigkeit, ihres kraftvollen und gefestigten Charakters, ihres grösseren Wissens, ihres Verantwortungsbewusstseins, ihrer allgemein überlegenen Persönlichkeit eine führende Rolle zukam. Mir schien es manchmal, dass es auch unter den ehemaligen Pfadfindern solche Menschen gab.

Um von so ernsten Betrachtungen wegzukommen, einige Zeilen aus einem Bericht von einer Führerwallfahrt:

»In Biberbrugg fehlten uns die Erbsen für die Schuhe, umso besser rechneten wir in Bennau in der heiligen Beicht mit dem Herrgott ab und fassten auf dem Alleinmarsch nach Einsiedeln viele gute Vorsätze und beteten für unsere daheim gebliebenen Pfadikameraden.«

58

Die Oberpfaderprüfung war, wie schon erwähnt, die schwerste der Prüfungen. Sie war mit einem ganztägigen Postenlauf verbunden, der von Unterstammheim über 24 Kilometer nach Pfungen führte, von wo aus zu einem Nacht-OL gestartet wurde, der in Wülflingen endete, gerade rechtzeitig, um den letzten Bus noch zu erreichen. In Erinnerung bleibt mir, sonderbarerweise, nur ein kleines Abenteuer beim abschliessenden OL. Ich renne, todmüd und am Ende meiner Kräfte, an einem auf einem schmalen Waldweg parkierten Auto vorbei. Dessen Lichter und Motor gehen nach wenigen Sekunden an, das Auto fährt los, dreht sich, wendet sich, seine Scheinwerfer suchen überall zornig den Störefried, den Unverschämten, den Voyeur. Dieser aber ist rasch und mit guter Kartentechnik im Dunkel verschwunden.

Im »Suso« findet sich ein ausführlicher Bericht über eine OP-Prüfung, den ich hier einschalte, stellvertretend für die schweren Schicksale vieler kleiner Helden des Alltags:

OP – TIPPEL

Antreten: 14.15 Uhr Bruderhaus. Als um 14.27 Uhr die letzten beiden »müden Brüder« das Trüpplein OPK vervollständigten, drückte uns Muus einen Zettel in die Hand mit den Koordinaten von neun Posten. Sofort marschieren unsere Dreiergruppen davon. Am Tössknie bei Bahnhof geben wir Muus den Gruppennamen bekannt, starten den Gruppenruf und das Fähnlilied. Nächster Posten: Zwischen Iberg und Eidberg. Die Sonne brennt auf unsere Rücken, die ersten Feldflaschen werden gezückt. »Dich vertätscht's dänn bald«, sagt der erfahrene zum durstigen Kameraden. Man könnte Mitleid haben mit dem Postenchef Pflueg. Knöchelbruch, Knieverletzung, Unterarmbruch und verschürfte Hand; dann bekommt er noch eine Hirnerschütterung.

Wir rutschen auf den Hosen einen steilen Waldhang hinunter. Das rote Laternlein in den Bäumen verrät uns schon von weitem den Standort des 3. Postens. Wir bauen eine Strickleiter, rutschen über eine Seilbrücke und klettern mit Hilfe des Seiles auf einen Baum. – Wiederum überqueren wir mit Hilfe des Kompass ein weglosen Tobel. Schon sind wir über dem Bach und ratschlagen, ob wir nach links oder nach rechts den Posten suchen wollen. Da kommt Gik aus dem Gebüsch, um uns klarzumachen, dass wir am richtigen Ort seien, Posten Naturkunde. Wir müssen verschiedene Blätter zu den dazugehörenden Baumrinden legen, uns im Sternenhimmel (den Gik an einen Baum genagelt hatte) zurechtfinden.

Zum Schluss bewaffnet er uns mit einem Wasserglas, damit wir innert fünf Minuten fünf Tiere aus dem Wasser fischen. Der Beutezug verläuft teilweise sehr mager. –

Über die Teufelskirche gelangen wir in die Nähe von Ober-Langenhard. Auf der Strasse von Langenhard nach Schlatt stossen wir auf Posten 5. Röhre will wissen, wie man einen Bewusstlosen transportiert.

Es geht schon gegen Abend und die Temperatur wird

angenehmer. Posten 6. In der Nähe des Dörfchens Garten. Daggel steht mit den Morseflaggen bereit, um uns auf diesem Gebiet zu prüfen. Mit erheblicher Verspätung streben wir Gyrenbad zu. Die Nacht ist inzwischen hereingebrochen, die Taschenlampen blitzen auf, wir stärken uns mit Mineralwasser. Ein Lichtschimmer fällt durch den finsteren Wald, dort muss Posten 7 sein. Wir finden drei Pfader dort. »Der Posten muss hier sein, aber kein Knochen ist da«, tönt uns als Begrüssung entgegen.

Was machen wir? Wir suchen leider vergebens! Und am nächsten Posten ist sicher auch niemand mehr, also abwarten. Wir finden ein Bauarbeiterhäuschen und richten uns ein. Nach einiger Zeit kommt der Rest der OPK. Wir packen unsere Vorräte aus, haben grossen Durst und Wassermangel. Als »Schlafberuhigungsmittel« finden wir an der Decke einige Wespennester, aus denen es zeitweise gefährlich brummt. Bald übermannt uns die Müdigkeit, Stille senkt sich auf unser Lager.

Der harte Boden lässt uns nicht lange schlafen. Alle Knochen tun uns weh. Der Postenchef Daggel, der gestern noch zu uns gestossen ist, weiss, dass Muus den Besuch des Gottesdienstes auf 8.30 Uhr angesetzt hat. Also los! Im ersten Teil unseres Marsches ziehen wir frisch voran. Doch die Hitze drückt bald, bei einigen fangen die Blasen zu brennen an, so dass einer es vorzieht, barfuss weiterzumarschieren. Gerade noch zur rechten Zeit treffen wir – ziemlich auf den Felgen – in Dussnang ein. Die Kirche ist aber gut besetzt, so dass wir stehen müssen, eine Stunde stehen nach 15 km Marsch!

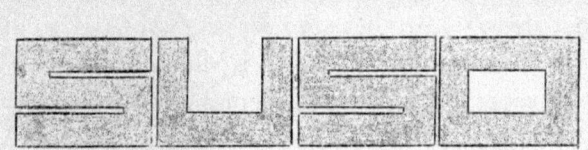

Abb. 9 «Suso»-Mitteilungsblatt, 1956/4. Bericht über einen OP-TIPPEL

Nach der Messe bestaunt Muus eine an Muskelkater und »Merengknie» leidende Schar. Doch die Prüfung geht weiter, denn schliesslich sind wir ja Oberpfaderkandidaten. Am nächsten Posten stellt uns Muus die grosse Gruppenaufgabe: Rekogniszierung eines Fähnlilagerplatzes. Zuerst pflegen wir unsere Füsse und vertilgen das Mittagsessen. Wir haben Zeit bis 15.30 Uhr. Wir fragen die Bauern aus, zeichnen Krokis und jedes Fähnli möchte den besseren Lagerplatz ausfindig machen. Dann marschieren wir gemeinsam zum Bahnhof Sirnach. Muus sagt uns noch ein paar abschliessende Worte, und der Zug bringt unsere Schar, glücklich über den bestandenen Türgg, nach Winterthur zurück.

Zufi I

Zufi I? Dies ist kein Schreibfehler. Es gab zu gewissen Zeiten, bevor aus dem Zufi II ein Piano wurde, einen Zufi I und einen Zufi II.

59

In bester Erinnerung bleibt ein abenteuerliches Sommerlager am Sarnersee. Der Bericht unseres unermüdlichen Reporters lässt aus, dass es im Wald, in dem wir auf einer kleinen Lichtung kampierten, auch zwei Wildbäche gegeben hatte (und noch immer gibt). Zwei wirkliche Wildbäche, die in tiefen Gräben gewaltige Steine vor sich herwälzten. Die Regenfälle führten dazu, dass sich das Wasser auch andere Wege suchte und auch schon mal mitten durch einen »Kahn« (ein Zelt) zu fliessen begann.

HOHENLANDENBERGER SOMMERLAGER Oberwilen am Sarnersee
16 unternehmungslustige Pfadfinder vom Trupp Hohenlandenberg starteten am 8. August zu dem in den letzten Jahren zur Tradition gewordenen Sommerlager. Unser treuester Freund in den zwölf Tagen war der Regen. Bis aufs innerste durchnässt erreichten wir den von Wald umschlossenen Lagerplatz. Eine höchstens zweitklassige Villa bot uns für die ersten zwei Nächte Unterkunft. In den darauffolgenden Tagen wurde ein Turm errichtet, der eine Höhe von rund acht Metern aufwies. Diese Arbeit beanspruchte einen schönen Teil unserer Kraft, so dass sich die meisten (trotz des Regens) den Schweiss von der Stirne wischten. Doch die Arbeit hatte sich gelohnt. Alle (ausgenommen jene, die sich nicht getrauten) kletterten auf den gut zehn Mann tragenden Turm. Zudem war er ein ausgezeichneter Bewunderungspunkt für die Besucher. Bibi, der erste von diesen, liess es sich nicht nehmen, ihn wenigstens zu foto-

grafieren. Weitere Interessenten durften wir am Sonntag begrüssen, welche ebenfalls unzählige Lobensworte über diese Pionierskunst aus dem Munde gleiten liessen. Natürlich waren auch die andern Arbeiten bewundernswert, ein Beweis unserer Kunst der Lagertechnik.

Am Montag führte uns eine Wanderung auf das Flüeli, doch kann ich leider nicht darüber berichten, da ich als Lagerwache zu Hause bleiben musste. Den letzten Abschnitt des Lagers mussten wir leider ohne unseren geliebten Regen auskommen. Dafür traten dann das Baden sowie das Fussballspielen mehrheitlich in Funktion, und Frosch hatte grösste Mühe, uns an die Arbeit zu bringen. Unter anderem wurde auch eine Nachtübung durchgeführt, und schon mussten wir wieder an den Lagerabbruch denken. Sämtliches Material wurde mit Hilfe eines Autos zur Bahnstation spediert. Müde und froh, wieder einmal richtig zu schlafen, erreichte die noch immer komplette Schar Winterthur, womit wir uns wieder dem dortigen Geschehen zuwenden können!

- Petzi –

Das Lager wurde wiederum vom stets um alles besorgten Zwerg geleitet, der keine Prüfungen, Märsche und Nachübungen veranstaltete, sondern uns viele Freiheiten liess, sofern dies das Lagerleben gestattete, das ja stets mit Küchendienst und Lagereinrichtungen viel Arbeit verlangte. Ohne Befehle zu geben und ohne «erziehen» zu wollen, lebte uns Zwerg vor, dass pfadfinderische Ideale nicht nur mit Disziplin und Abhärtung erreicht werden können, sondern auch durch ein friedliches und trotzdem ereignisreiches Lagerleben.

Der Turm war, wie berichtet, eine Hauptattraktion, auf der als Besonderheit auch »Turmschach« gespielt wurde, eine Partie nach der anderen, so viele, dass am Ende des Lagers Gegner zum Beispiel ein 24:17 vermelden konnten.

60

Wie schon gesagt: Nicht alles war so, wie es hätte sein sollen! Die Litanei der Klagen ist lang. Hier einige weitere Beispiele.

»So zeigte sich diesmal, dass es Oberpfadfinder gibt, die ein dummes Gesicht machen, wenn man ihnen einen Kompass in die Hand drückt, weil sie keine Ahnung haben, wie man auf ihm ein Azimut einstellt.«

»Von den fünfzehn gestarteten Mannschaften kamen ganze neun durchs Ziel. Die anderen mussten zum Teil noch im Gelände gesucht werden.«

»Es soll vorgekommen sein, dass junge Pfadfinder ihre älteren Kollegen, sogar in Uniform, nicht gegrüsst haben!«

»Doch leider ist bereits die Jugend vom Wurm der Ruhelosigkeit angefressen. Wo sind die Buben, die mit seligem Staunen ins Licht des Adventskranzes blicken? Wo sind die Mütter, die ihren Buben Weihnachtsgeschichten erzählen? Die alte Zeit, in der Weihnacht noch heilige Zeit war, ist vorbei. Wo man hinsieht, ist Lärm und Aufregung und Hast und Nervosität. Es geht jetzt um das wichtig zählende Geschäft des Jahres. Wie haben wir Menschen doch alles verkehrt!«

Diese Zitat stammt aus einer Advents-Betrachtung des Hartmannenpräses im «Suso» anno 1957. Sollten wir uns vielleicht für die heutigen Zeiten auch einen Hartmannenpräses wünschen?

Und nicht immer wurde der gute Ton beachtet! In einem Suso-Extrablatt, Januar/Februar 1946 geht es ausschliesslich um den »Guten Ton« und eine ganze Seite ist dem Gruss gewidmet, »ohne Anspruch auf Vollständigkeit«:

Der Pfadfinder in Uniform grüsst Geistliche, Führerinnen und Führer, Pfadfinderinnen und Pfadfinder, seine Bekannten, die Fahnen und standarten der Armee und der pfaderischen Einheiten. Im übrigen richtet er sich nach Sitte und Gepflogenheit der Gegend, in der er sich aufhält. Überall reichen sich Pfadfinder zum Gruss mit munterem Blick die linke Hand, die Hand des Herzens. Einige Regeln:

Tritt bei einem Hock der Präses oder ein höherer Führer ein, so wird der Hock rasch unterbrochen und der Eintretende begrüsst.

- Kommt ein Führer zu einer Pfadergruppe, so soll ein jeder die Hand reichen und dabei seinen Namen nennen, sofern der Führer ihn noch nicht kennt.
- Der Untergebene grüsst den Vorgesetzten zuerst.
- Der Neueintretende (z.B. in ein Zimmer) grüsst immer zuerst, auch wenn er Vorgesetzter ist.
- Streiche zum Gruss Deinen Handschuh ab. – Brauchst Du dazu zu lange, so lass ihn an der Hand, damit der Partner nicht auf den Gruss warten muss.
- Man ergreift den Hut immer mit der Hand, welche vom Begrüssten abgewandt ist.

- Grüssen heisst den Hut richtig abnehmen, auch bei Dir unsympathischen Leuten.
- Nimm vor dem Gruss die Zigarette aus dem Mund.
- Warte nicht, bis der andere zuerst grüsst, besonders wenn du jünger bist.
- Der Herr grüsst die Dame zuerst.
- Zuerst wird der Frau und dann dem Herrn die Hand gereicht.
- Ein Herr steht immer auf zum Gruss, nicht aber die Dame, wenn diese von einem Herrn gegrüsst wird.
- Wenn Dein Begleiter grüsst, grüsse stets mit.
- Nimm den Hut vom Kopf, wenn die Hand zum Gruss gereicht wird.
- Passiert Dir einmal ein kleiner Fehler, so werde deshalb nicht verlegen. Vielleicht kannst Du mit einem gut passenden Witz die Situation zu Deinen Gunsten retten. Leistest Du jedoch eine grosse Ungezogenheit, so entschuldige Dich bitte.

Wer wird noch sagen können, die Pfadfinderbewegung sei nicht von grossem erzieherischen Wert? Zwischen diesem Artikel und meinem Eintritt in die Pfadi liegen zehn Jahre. Wie viele andere Regeln, die in den dreissiger oder vierziger Jahren von den Erziehern verkündet worden sind, galten diese Bestimmungen weiterhin. Sie wurden beachtet, wenn auch zunehmend in abgeschwächten Formen. Von der Zigarette, die aus dem Mund genommen werden musste, wurde nicht mehr gesprochen. Und »Damen« begegneten wir so selten, dass sich Bestimmungen über ein solch delikates Zusammentreffen erübrigten.

Und wer schreibt die Geschichte des Grusses? Nicht ohne ein heimliches Vergnügen leiste ich hier dazu einen kleinen Beitrag.

In meinen Pfadijahren haben wir das Grüssen nie geübt und selten davon gesprochen. Dass ein Gruss etwas Wichtiges war und ein nachlässiger oder fehlender Gruss ernsthafte Konsequenzen haben konnte, erfuhr ich erst so richtig im Militärdienst. In den späten 1960er Jahren konnte er dort nicht genug geübt werden, und bei Inspektionen stand er an wichtiger Stelle. Grüssend gingen wir einzeln möglichst rassig und zackig am Oberst vorbei, mit straff ausgestreckter Hand. Grosses Entsetzen rief dabei ein Kamerad hervor, der wegen dem Hammer, den er als Schmied stets in der rechten Hand halten musste, diese nicht mehr flach ausstrecken konnte. Sein Gruss sah urkomisch aus und wurde zunächst als grosse Beleidigung und Provokation empfunden. Er musste wiederholen, erfolglos natürlich, was die Aufregung nur noch vergrösserte. Sie legte sich erst, als der Oberst höchstpersönlich die Hand inspizierte und einsehen musste, dass sie nicht mehr flach ausgestreckt werden konnte. – Der Gruss führte im übrigen an hohen Stellen zu sehr spitzfindigen Erörterungen, denn es war längst nicht immer klar, wann und wie und wer gegrüsst werden sollte.

Der Gruss ist ja nicht nur eine freundschaftliche Geste, sondern auch ein Unterwerfungsritual. Wer die rechte Hand gibt, zeigt, dass er keine Waffe in ihr hält. Was aber ist dann von Leuten zu halten, die die linke Hand geben und die rechte freihalten?

Man wird es als zivilisatorischen Fortschritt vermerken können, dass ich in meinem Leben nie angehalten worden bin, wie die Urner zu Zeiten Wilhelm Tells einen Hut zu grüssen. Nur schwarze Mercedes habe ich grüssen müssen, da man ja nie sicher sein konnte, ob nun ein Oberst drin steckte oder nicht.

Auch der »Thilo« beschäftigt sich mit dem Grüssen:

In der Kolonne

Pfadfinderische Marschformation ist die *Dreier*-Kolonne. In der Kolonne grüsst nur der Führer mit Handzeichen. Dasselbe gilt bei einem Vorbeimarsch, wobei jedoch alle Gesicht und Blick lebhaft der Person zuwenden, an der man vorbeimarschiert.

Ein Vorbeimarsch ist mir bisher erspart geblieben, bei den Pfadi wie beim Militär.

61

Im April 1960 wurde ich Führer des Fähnli Büffel. Sofort musste ein neuer, eindrücklicherer Wimpel angefertigt werden, aus Leder und Pelz, mit von mir einem aus einem Indianerbuch abgezeichneten Büffel. Und besondere Sorgfalt galt dem Gruppenbuch, in dem wir unsere Taten festhielten. Wir mussten es an den Fähnlilauf mitbringen, wo es für den Wettkampf bewertet wurde. Ich wollte dort gut abschneiden und war daher stets besorgt um gute Eintragungen, oft mit Zeichnungen und Krokis. Alle hätten sich daran beteiligen müssen, aber mangels Interesse war meistens ich der Autor. So entstand, wie ich glaubte, ein ganz besonders schönes Buch, das eine hohe Punktzahl verdiente, eigentlich das Maximum. Dem war aber nicht so, denn Bibi, der damals, mit einem rassigen Sportwagen erschienen, über die Gruppenbücher urteilte, gab ihm keineswegs die beste Punktzahl. Er war der Meinung, dass es eigentlich nur ein »Munggi-Buch« sei und Beiträge der anderen Pfadi fehlen würden. Bibi, auch das gehört zur Suso-Geschichte, verliess später Winterthur, beschäftigte sich weiterhin mit schnellen Autos und machte in England Karriere als Ingenieur und Konstrukteur bei Lotus, McLaren und anderen Rennställen.

Meine Suche nach diesem Gruppenbuch verlief leider bisher ergebnislos. Irgendwer hat es irgendwann nicht mehr weiter aufbewahren wollen und mit vielen anderen Dokumenten entsorgt. Es ging verloren, wie vieles andere auch.

Verloren ging auch der Film, den wir 1961 gedreht und, wie oben berichtet, am Familienabend gezeigt hatten. Und dabei war er doch ganz revolutionär, neu, hochmodern, mit einer 8mm-Kamera aufgenommen. Die Idee dazu kam von Petzi und mir. Wir schrieben zunächst ein ausführliches Drehbuch und träumten von einem richtigen spannenden Spielfim. Die Ausführung war allerdings mit allerlei Tücken verbunden. Wer besass denn eine Filmkamera? Wir wurden fündig beim Vater von Kalif. Er war befreundet mit einem Landsmann, der eine Kamera besass. Mehrmals hofften wir an den Übungen auf sein Erscheinen. Ob er kommen könne? Die Antwort war stets «vielleicht». Als er dann endlich erschien, wurde in raschem Tempo alles Mögliche aufgenommen, nur nicht das, was im Drehbuch vorgesehen war. Das Drehbuch erwies sich als viel zu kompliziert. Schliesslich misslang auch die Schlüsselszene. Ein »böser« Bub, der die Pfadiübung geschwänzt hatte, hätte in den Walkeweiher fallen und von den Pfadi gerettet werden sollen. Der kleine Schauspieler, ein vielversprechendes Talent, fiel aber nicht hin, sondern sprang mit einem kühnen Hechtsprung ins Wasser. Die Szene konnte nicht nachgedreht werden und amüsierte am Familienabend das Publikum sehr.

62

1961 war ein grosses Jahr für die bisher nicht erfolgsver-
wöhnten Hohenlandenberger. In seinem Jahresrückblick
konnte der Truppleiter Zwerg eine stolze Bilanz ziehen.

»Unserem Trupp sind seit etlichen Jahren keine so grossen Erfolge gelungen wie dieses Jahr. ... Gruppe Büffel
im 1. Rang beim Familienabendwettbewerb, 4., 5. und 6.
Rang der anderen Gruppen; 1. Rang Handballmeister-
schaft; im 1. Rang Bär bei der Abteilungsschwimmeister-
schaft; im 2., 3., 4. und 8. Rang weitere HO; 1. Rang Büffel
beim Fähnlilauf, 6., 9. und 10. Rang der anderen Fähnli.
Ja, jetzt fragt man sich wie war das möglich? Die Antwort ist einfach und heisst: Einsatz eines jeden Pfaders.
Alles sind Erfolge, die durch gute Kameradschaft erzielt
worden sind. ...«

Wettkämpfe und Ranglisten hatten für die Pfadfinder
stets einen hohen Stellenwert. Bei den Suso wollten doch
die Hohenlandenberger die ersten und besten sein, besser
als die Goldenberger und die Hartmannen. und innerhalb der Hohenlandenberger hielt sich das Fähnli Büffel
so ziemlich für unschlagbar.

Gerne studierten wir die stets sehr detaillierten Ranglisten. Auch vom Familienabendwettbewerb wurde eine
Tabelle publiziert. Bei dieser Konkurrenz wurden Plakate
bewertet und die (so nehmen wir an) von den Pfadimüt-
tern gebackenen Kuchen. Die Plakate hingegen wurden

von den Pfadi gezeichnet und gemalt, was in vielen Fällen erstaunlich gute Resultate zeitigte. In den Winterthurer Geschäften kamen wahre Kunstwerke in den Aushang. Auch sie sind der Nachwelt nicht erhalten blieben.

Ich hatte mir schon bei den Hartmannen beim Herstellen von Plakaten Verdienste erworben. Stolz war ich, wenn in der nahen Bäckerei oder im Konsum eines meiner kunstvoll gezeichneten Plakate aushing. Und besonders stolz war ich, wenn mir die schwierig zu zeichnenden Pfadililien, deren genauen Masse dem »Thilo« entnommen werden konnten, einwandfrei gelangen. Die erworbenen Kenntnisse konnte ich jetzt bei den Hohenlandenbergern erfolgreich anwenden.

Das Fähnli Büffel siegte mit 62,0 Punkten bei den Plakaten und 14,6 Punkten bei den Kuchen. Total gab das 76,6 Punkte. 12,3 Punkte mehr als die zweitklassierten Steinböcke der GO. 21 Fähnli beteiligten sich am Wettbewerb, wobei sich nur 13 beim Plakatmalen betätigten. Streng bewertet wurden die Kuchen: Die Büffel wurden dort von zwei anderen Fähnli übertroffen.

»Letztes Jahr reichten 32 Punkte zum Sieg. Der Wettbewerb zeigt also eine erfreuliche Belebung, die sich hauptsächlich bei den HO bemerkbar macht, die alle vier Fähnli in die ersten sechs Ränge brachten. Wirklich eine gute Leistung; wir gratulieren ...« heisst es im »Suso«.

63

Was den grossen Sieg der Büffel im Fähnlilauf betrifft, so will ich mich für einmal kurz fassen und den ausführlichen Bericht im »Suso« übergehen, den ein übermütiger, vom Erfolg berauschter Venner mit »Wie man einen Fähnlilauf gewinnt« betitelt hatte.

Ich hatte den Wettkampf genau geplant, genauestens. Schon im Jahr zuvor hatte ich, eigennützig und damit gewiss unpfaderisch, Einfluss genommen auf die Zusammensetzung des Fähnleins. Ich war besorgt dafür, dass die besten der Wölfe zu den »Büffeln« kamen. Seltsam, wie die Älteren (die Fünfzehnjährigen) jeweils genau wussten, wer unter den Zehnjährigen viel versprach. Ich förderte die Buben nach Kräften und liess sie im Hinblick auf den Wettkampf noch besonders gewisse Stoffe büffeln. Jeder war für bestimmte Themen zuständig, einer für das Morsen, einer für die Staatskunde, einer für die Kartentechnik, einer für die Pflanzenbestimmung oder die Gipsabgüsse oder die erste Hilfe oder die Knoten.

Auch der Postenlauf wurde besonders geplant. Nach dem Erhalt der Koordinaten der verschiedenen Posten musste entschieden werden, welche man am besten anlief. Wir liefen schneller als die anderen und besuchten nur jene Posten, bei denen wir glaubten, leicht Punkte sammeln zu können.

Wir handelten so klüger und schneller und eilten beispielsweise bei einem Posten, wo es Wartezeiten gab, sofort weiter und holten uns die Punkte dort, wo vielleicht ein Postenchef den ganzen Nachmittag unbeschäftigt herumstand und froh war, wenn eine Gruppe erschien. Die so gewonnene Zeit war kostbarer als die nach längerem Warten mit Morsen oder Singen zu gewinnenden Punkte. Nur ganz am Ende versagte ich, und das beschäftigt mich bis heute. Den letzten Posten vor dem Ziel verfehlten wir, weil ich vergass, die Karte mit dem Kompass nach Norden auszurichten. Wir kamen, von einem grösseren Hügel hinabbrennend, schon in der Nähe des Zieles an, rannten aber dann aber, mit letzten Kräften, doch noch zum Posten zurück, sammelten dort in aller Eile mit einem ab Blatt ganz schön falsch gesungenen Lied einige wenige Punkte und trabten nachher zum Ziel, das wir trotz dieser Verspätung als erste erreichten. Wir gewannen so noch immer mit einem deutlichen Vorsprung, hätten aber die Konkurrenz noch viel klarer gewinnen können.

Vom Sieger-Fähnli gibt es ein Photo. Wer es aufgenommen hat, konnte ich nicht mehr herausfinden. Am Ende war es womöglich ich selber. Zu sehen sind – wenn ich mich nicht täusche – von links nach rechts Hirsch, Mustang, Pratzi und Sirene. Schon die Namen zeigen, dass hier grosse Kapazitäten am Start waren.

Die Rangliste wurde im »Suso« publiziert. Ich konnte mich daran nicht sattsehen. 33 Fähnli wurden klassiert, zwei weitere wurden disqualifiziert und eines figuriert unter «nicht gestartet». Was ist wohl bei den Fähnli am Tabellenende geschehen, was bei den Disqualifizierten? Ich hoffe sehr, dass es unter ihnen viele gute Verlierer gab, die gerne auf diesen Wettkampf zurückblicken und den »Vergifteten«, die um die ersten Plätze kämpften und Spass an Ranglisten hatten, diesen Spass liessen.

Abb. 10
Das Fähnli Büffel, 1961, am Start zum Fähnlilauf.

Die Tabelle zeigt, wieviele Posten angelaufen und welche Punktzahl jeweils erreicht wurde. Die höchste Punktzahl (18) haben wir nur an einem Posten erreicht, der »Ruf, Tenue« beinhaltete. Das Photo mag unseren hohen Stand im Auftreten bezeugen. Aber wo hat wohl Mustang seinen Hut?

An allen anderen Posten aber schnitten einzelne andere Fähnli besser ab. Entscheidend waren schlieslich die Strafpunkte, die es beim Überschreiten der Zeitlimite gab. Für drei Minuten gab es einen Strafpunkt, für die Büffel waren es nur deren zwei. Das Fähnli Hirsch hätte den Lauf gewonnen, wenn es nicht viel zuspät im Ziel eingetroffen wäre und 13 Strafpunkte erhalten hätte. Rangpunkte für Büffel demnach total 95, für Hirsch nur 88,5. Und 14 Fähnli haben weniger als 50 Punkte erreicht, viele davon sind mit riesiger Verspätung im Ziel eingetroffen und haben von den 9 Posten nur 4 oder gar nur 3 angelaufen. Wer schreibt die Geschichte dieser Gruppen? Wer hat sie angeführt? Haben sie sich verlaufen? Oder haben die die Konkurrenz gar nicht gesucht und sich einen gemütlichen Nachmittag gemacht, mit vielen Pausen und einem Zvieri?

Feierlich und unvergesslich war dann die Preisverteilung. Wir mussten vortreten vor der versammelten Abteilung. Der Abteilungsleiter, ein Feldmeister, gratulierte uns und übergab uns einen besonderen Wimpel, der zusätzlich zum prächtigen pelzbesetzten Wimpel mit dem Büffel am Stab angebracht wurde und das ganze Jahr als hohes Ehrenzeichen mitgeführt wurde. Und wieder führt uns ein Symbol in die Frühzeit zurück. Ehrenzeichen wurden seit Urzeiten an erfolgreiche Gruppen verliehen. Schon Jäger und Nomaden schmückten sich nach erfolgreicher Jagd mit Tierzähnen, Klauen, Federn oder Pelzen.

64

Und etwas ganz anderes war keineswegs unwichtig. Die Pfadi war auch deshalb eine spannende Angelegenheit, weil man dabei, wenn man es geschickt genug anstellte, auch in Kontakt zur geheimnisvollen und unbekannten Welt der Mädchen kam. Es gab nämlich Pfadikameraden, die Schwestern hatten. Diese Schwestern konnten kleine Schönheiten sein. Nur zu gern ging ich dann bei ihnen vorbei, brachte etwas, holte etwas, es gab stets Gründe für einen Besuch, wobei dann aber die Schwester längst nicht immer zu sehen war.

Es gab zudem auch die Wölfli, die ganz Kleinen, die in Rudeln von Mädchen angeführt wurden. Auch mit den Wolfsführerinnen waren Kontakte möglich, man sah sie an manchen Abenden im Pfarreiheim, wo uns ein kleiner Raum, das »Chücheli«, zur Verfügung stand. Man sah sie, aber man konnte nur wenige Worte wechseln. Die Mutter war auf dem Holzweg, wenn sie mich spöttisch lächelnd zu fragen pflegte, warum ich soviel ins »Chücheli« gehen müsse.

Die Wolfsführerinnen konnte ich auch an den Familienabenden und oft auch am Sonntag in der Kirche sehen. Immer glaubte ich dann, als bilderbuchmässiger Pfadifinder, Anrecht auf besondere Beachtung zu haben. Aber es war damit nicht so weit her, wie ich es gerne gehabt hätte. Die Bubenwelt war in diesen Zeiten hermetisch von der Mädchenwelt getrennt. Es bedeutete schon sehr viel, wenn uns ein kleiner Gruss einreichte, abgesandt aus der Mitte einer Schar von plappernden Knirpsen. Mit einem gewissen Neid sehe ich Photos, die wenige Jahre später entstanden sind. Dort sitzen Rover ganz gemütlich und zufrieden mit den hübschen Wolfsführerinnen beisammen. Ich war damals schon nicht mehr unter ihnen.

Es kam vor, dass man manchmal insgeheim ans Heiraten dachte. Alle heirateten, also musste man das doch wohl auch irgendwann tun. Aber wie konnte man denn heiraten? Und wen? Eine Familie gründen, was für ein Abenteuer! Im »Kompass« und manchmal auch im »Suso« wurden Familienfragen immer wieder eingehend und mit grossem Ernst behandelt. Was bedeutet für mich die Familie?

»Jeder Stand erfordert besondere Tugenden, das Familienleben aber erfordert alle Tugenden vereint: Liebe, Geduld, Gerechtigkeit, Gehorsam, Klugheit, Starkmut, Selbstbeherrschung, Keuschheit, Gesetze. Darum gibt es wohl keine bessere Schule der Tugend als die christliche Familie, darum sollten auch nach Gottes Willen die heiligsten Menschen, die je auf dieser Erde gelebt haben, ein Familienleben führen.«

Mir schien eine Heirat eine überaus schwierige Angelegenheit zu sein. Wie konnte man eine Frau finden, die bereit war, es mit einem zu versuchen? Hatte ich vielleicht durch meine Qualifikationen als Pfadfinder besonders gute Chancen beim weiblichen Geschlecht? Führten Pfadfinder nicht ein besonders vorbildliches Familienleben? Wäre die ideale Ehe nicht die Ehe mit einer Wolfsführerin? Könnte es bei mir auch eine von diesen berühmten und gewiss stets glücklichen Pfadiheiraten geben? Die Pfadi standen dann vor der Kirche Spalier und bestaunten das grosse Ereignis.

Dieses Glück hatte mein Onkel, der mit seiner Frau massgeblich am Aufbau der Wölfliabteilungen in Winterthur beteiligt gewesen war. Er erzählte mir sehr viel später, dass er seine Frau in einem Pfadilager kennengelernt hatte. 1946 hatten die Pfadfinder in Oberägeri ein Lager für kriegsgeschädigte Auslandkinder geführt. Fackel war für die Küche zuständig gewesen. Nach negativen Erfahrungen mit Knaben, die lieber Fussball spielten als den Salat wuschen, sagte er, habe er kurzerhand Mädchen angefordert. Ob das nicht nur eine gute Ausrede war? Die erwünschten fleissigen Wolfsführerinnen erschienen, was aber nicht nur mit Vorteilen, sondern auch mit Nachteilen verbunden war. Die Pfadfinder mussten sich nämlich sofort viel gesitteter betragen und sehr auf die Worte aufpassen, die sie wählten. Wenn es regnete, sagte man doch als richtiger Pfadi, dass es »seiche«. Eine schöne junge Wolfsführerin erwiderte sofort, solche Worte wolle sie nicht mehr hören. Die Pfadi versprachen Besserung. Als es das nächste Mal regnete, sagten sie zu ihr, »es kämen jetzt Tröpfli vom Himmel abe«. Dem Fackel gelang es, die junge Wolfsführerin so zu beeindrucken, dass sie bald darauf seine Frau und damit meine Tante wurde.

Fluchen durften auch wir selbstverständlich nicht. Einige nahmen daher Zuflucht zu unverdächtigen Kraftausdrücken. *Du verbrännti Zeine!* konnten sie in den höheren Rängen rufen, wenn wieder einmal etwas schief gelaufen war. In den unteren Regionen war man manchmal weniger brav war und liess auch schon mal *Hueresiech* oder *Herrgottschtärnesiech* verlauten.

65

Hirsch, von dem schon die Rede war, ist Schriftsteller geworden und beschreibt in seinen Werken verschiedentlich seine Jugend in Oberwinterthur. In seinem letzten Buch *Die erste Welt*, das er kurz vor seinem frühen Tod im Jahre 2013 geschrieben hat, wird die Welt, die ich hier mit beschränkten Mitteln vorstelle, auf seine Art und in schöner Weise dargestellt.

»Bei den Kastanienbäumen besammelten wir uns auch zu unseren samstagnachmittäglichen Pfadfinderübungen, Antreten hiess das, Antreten bei den Kastanienbäumen, um vierzehn Uhr zum Beispiel, Salutieren mit dem Pfadfindergruss, allzeit bereit, die drei mittleren Finger der rechten Hand gestreckt, der Daumen über dem kleinen Finger, das ganze auf Schulterhöhe, so stellten wir uns in Reih und Glied, der Grösse nach aufgereiht, dem Gruppenführer gegenüber oder dem Truppleiter gegenüber, je nachdem, was für eine Übung es war, bevor wir dann in den Wald ausschwärmten, ich gehörte der Gruppe Büffel an, mein Bruder der Gruppe Elch, nachdem wir beide, der Reihe nach, bei den Kleinen das Wolfsstadium durchlaufen hatten, das nach Kiplings Dschungelbuch so benannt war, in dem wir dort lasen, das wir vorgelesen bekamen, wo ein Menschenkind im Urwald ausgesetzt worden war und in einem Wolfsrudel aufwuchs, in Rudel waren wir da als Wölfe zusammengeschlossen gewesen, mit Rudelführerinnen, jetzt, bei den Pfadfindern, hatten wir Führer, die uns lehrten, uns im Wald zu orientieren, am Sonnenstand zum Beispiel, sofern die Sonne schien und sofern man sie zwischen den Ästen der Bäume hindurch überhaupt sehen konnte, am Moosbewuchs der Stämme, der immer an ihrer Westseite am ausgeprägtesten war, wo die Feuchtigkeit in der Luft herkam, vom Atlantik über Frankreich hinweg bis zu uns, von den Westwinden hergetrieben, die man auch Wetterwinde nannte, weil sie den Regen brachten, sie lehrten uns, wie wir uns mit der Karte, auf der diese eingezeichnet waren, auf den Waldwegen zurechtfinden, in unwegsamem Gelände mit Hilfe des Kompasses unsere Richtung einhalten konnten, auch dann, wenn es Hindernisse, ein Gewässer, ein Tobel, einen eingezäunten Bezirk, zu umgehen galt, ...

... auf Palmsonntag hin sammelten wir in Körbe Stechpalmen, die wir dann nach dem Gottesdienst vor der Kirche verteilten, auf Advent hin Tannenzweige, aus denen wir im Saal des Pfarrheims, in dem auch unsere jährlichen Theateraufführungen stattfanden, zu denen unser Vater die Stücke schrieb, Adventskränze banden, die wir mit je vier weissen oder roten Kerzen bestückten und so an die Kirchgänger verkauften, wie auch die selber gebauten Weihnachtskrippen, das Geld kam in unsere Pfadfinderkasse.«

Soweit ein kleiner Auszug aus »Die erste Welt«. Hirsch machte mit bei Büffeln und gehörte dort zu den braven, wohlerzogenen und strebsamen Buben, die ich immer gern um mich sah. Ich habe später den Kontakt zu ihm wie zu allen anderen verloren und auch seine Bücher nicht gelesen. Warum das so war, ist schwer zu sagen. Hatte ich Angst, enttäuscht zu werden und die Dinge nicht so dargestellt zu finden, wie ich sie sah? Oder befürchtete ich, von ihm nur als Vertreter des »schrecklichen Pragmatismus«, den er einmal beklagte, wahrgenommen zu werden? Er weihte sein Leben der Kunst und dem Schönen, ich aber hatte, wie sein Vater, einen seiner Sicht gewiss banalen und langweiligen Brotberuf ergriffen. Dazu fällt mir ein, dass Sigmund Widmer, Zürcher Politiker und Autor, mir einmal sagte, als er von mir hörte, wo ich arbeiten würde: »Aber das ist ja entsetzlich.« – Gerne hätte ich mich in späteren Zeiten mit Hirsch unterhalten, über das unwiederbringlich Verlorene und über das Neue, das uns alle verwandelt hat.

Kampf und Wucht des Abenteuers
hämmert uns noch wild im Blut,
träumt in uns von heissem Mut
in der abendlichen Glut
unseres Lagerfeuers.

So sah es noch sein Vater, Winnetou. Wir träumten andere Träume.

66

Unter der Woche, meistens an den Mittwochabenden, gab es im Pfarreiheim Höcks. Die Buben trafen sich dem kleinen, »Chücheli« genannten Raum, von dem schon die Rede war. Sie lernten allerlei über die Pfadigeschichte oder die Pfaditechnik und kamen nicht zuletzt deshalb gerne zu den Höcks, weil sie nach der langweiligen Theorie noch am »Töggelikasten« Tischfussball spielen konnten. Noch heute, sechzig Jahre später, profitiere ich, im Spiel mit den Enkelkindern, von der verblüffend guten Technik, die ich damals in langen Stunden erworben habe.

An den Höcks wurden von mir auch geistliche Themen behandelt. Gott und die Kirche standen dabei immer im Vordergrund, abgesehen von allerlei anderen Diskussionen, die Tarzanbücher, Kriminalromane, Schlager, Dixieland oder Filme betrafen, die in der Stadt zu sehen waren. Einmal gab es, zum nicht geringen Erstaunen der Knirpse, ein Referat über »Heilige«. Ich hatte nämlich das Buch von Walter Nigg gelesen, »Grosse Heilige«, und war so begeistert davon, dass ich gleich davon berichten musste. Sind nicht die Heiligen die wahren Menschen? Müsste nicht auch jeder Mensch unbedingt nach Heiligkeit streben? Und Klöster gründen oder als Eremit leben? Und wenn es sein muss, auch als Märtyrer sterben? Unser Leben ist doch kurz, und die Ewigkeit dagegen ewig. Also müssten wir doch alle mit allen unseren Kräften danach streben, ins Paradies zu gelangen! Die Heiligen tun dies, und sie gehen so als Heilige direkt und ohne grosse Gerichtsverhandlungen in den Himmel ein. – Wenn ich mich richtig erinnere, konnten manche bei diesem Vortrag ein Lachen kaum unterdrücken.

Vom Ernst und der Feierlichkeit, wie sie noch eine frühere Generation kannte, der Winnetou angehört hat, war nicht mehr viel zu finden. Winnetou berichtet im »Kompass« von einem Rilke-Hock, der im Dezember 1946 durchgeführt wurde.

»Wir waren uns bewusst, dass vorerst die richtige Stimmung geschaffen werden müsse. Also verdunkeln und zwischen zwei Kerzen eine Photo der Rilke-Büste. Das anfängliche Kichern verstummte bald, als eine Geige eine einfache polyphone Melodie spielte. Die Atmosphäre war da. Ich sprach dann einige Worte über Rilkes verschlossene Melancholie, seinen verschwommenen Gottesbegriff , aber auch von seinem unruhigen Streben nach Gott und seinem seltsamen Tod. Ein Kamerad sprach dann auswendig in die Stille das herrliche Gebet an Gott aus dem *Stundenbuch*, das beginnt: 'Lösch mir die Augen aus: Ich kann Dich sehen!' Nach einem weiteren Spiel der Geige sprach er einige Gedichte, darunter 'Der Knabe' und zum letzten las ich noch aus den 'Briefen an einen jungen Dichter'. Dann ein Lied, das Abendgebet, und ein beeindruckender Abend war vorüber.«

Auf diese Höhen führten unsere Höcks nicht. Einmal hatte ich ein Heft der Zeitschrift *Das Beste aus Reader's Digest* bei mir, und las daraus vor. Das Beste aus dem grossen Amerika! Berichtet wurde von einem Reich des Bösen, das sich in Kuba entwickelt hatte. Kuba war weit weg, aber vielleicht doch auch für uns gefährlich. Die Machthaber in Kuba gewannen die Jugend vor allem dadurch, dass sie ihr alles erlaubten. Auch dort gab es Jugendorganisationen und Jugendlager, wie bei den Pfadfindern.

Buben und Mädchen waren aber nicht getrennt, sondern beisammen. Und die Leiter ermunterten sie zur freien Liebe. Sie durften miteinander schlafen und erhielten von den Leitern sogar Verhütungsmittel. Kondome! Präservative! Etwas ganz und gar Verwerfliches, Teuflisches, Unerhörtes, Gottloses! Gerade das Gottlose war das Fürchterlichste. Die Führer wollten die Religion auslöschen, sie erklärten, die Religion sei Opium für das Volk und die wahre Lehre sei der Kommunismus. Was aber war der Kommunismus? Der Kommunismus kam vom Teufel, er war eine Irrlehre und musste tapfer und mit allen Mitteln bekämpft werden. Auch ein Zehnjähriger sollte wissen, das es diesen Kampf gab und dieser Kampf auf ihn wartete. Gab es auch in der Schweiz Kommunisten? Würde er standhaft genug sein, wenn der Kommunismus die freie Liebe versprach?

Soviel zu Kuba. – Die Politik spielte im übrigen, wie bereits gesagt, keine Rolle bei den Pfadi. Auch ich beschäftigte mich nur wenig mit politischen Fragen, wollte aber doch meinen Schützlingen einen Hock bieten, der zumindest für eine halbe Stunde den Tischfussball vergessen liess. Hirsch schweigt in seinen Werken von den Aktivitäten im »Chücheli« und davon, dass er einmal eines seiner ersten Werke mitbrachte, ein Gedicht, das den Titel »Bibrakte« trug. Es fand ebensowenig Beachtung wie mein Vortrag über die Heiligen.

Und auch von der Verzweiflung der höheren Führer, die immer und überall Missstände und Mängel feststellen mussten, ist bei ihm nicht die Rede.

»Pickelharte« Rover, die den Wahlspruch »Dienen« vorbehaltlos anerkennen, sind selten. (1956)

Pfadertechnisches Können lässt allgemein zu wünschen übrig. (1957)

67

Im Frühjahr 1960 nahm ich Abschied vom Lindberg-schulhaus und der Sekundarschulklasse. Ich bestand die Aufnahmeprüfung in die Oberrealschule, die mich in den folgenden viereinhalb Jahren zur C-Matur führte. Auch hier, im grossen grauen Schulhaus-Schloss an der Rychenbergstrasse, stiess ich meistens auf (aus meiner Sicht) »gute« Lehrer, die nicht übermässig viel verlangten und uns leben liessen, wenn wir auch sie leben liessen. Grosse erzieherische Ambitionen hatten sie kaum, dem Staat und der Gesellschaft war gedient, wenn sie uns mit dem Wissen eines C-Maturanden den weiteren Bildungs-stufen weitergeben konnten.

Als einziges Disziplinierungsmittel lastete der Druck der Noten auf uns, aber diesem Druck war recht leicht zu begegnen, wenn man sich ein paar Stunden lang mit voller Energie auf die wenigen Prüfungen vorbereitete oder, wenn dies wegen viel wichtigeren Pfadiaktivitäten nicht möglich war, mit einem Spickzettel behalf oder geschickt beim gescheiten Sitznachbar abschrieb. Die Schule war kein Lebensmittelpunkt. Die Pfadi (und daneben auch die Kirche, der Sport und eine ausgedehnte Lektüre) war während diesen Jahren viel wichtiger und interessanter.

Im Pfarreisaal gab es neben den Familienabenden im übrigen noch ganz andere Höhepunkte, keineswegs nur fromme Vorträge, Gebete und Bussübungen. Einmal be-suchte ich, nebenbei gesagt ohne grossen Erfolg, als einen Tanzkurs, der mehrere Abende in Anspruch nahm und selbstverständlich eine aufregende Angelegenheit war, weil er Kontakte mit den Mädchen ermöglichte. Und am 21. Januar 1962 war der Saal bis auf den letzten Platz gefüllt, weil der Hypnotiseur Leonardo auftrat und eine Vorstellung gab, die mich sehr beeindruckte und auch schockierte, weil sie eigentlich ganz und gar nicht in die im allgemeinen so behütete und sittenstrenge katholische Welt hineinpasste.

Leonardo war ein Meister seines Faches. Er bat eine Reihe von Personen auf die Bühne, winkte sie dann wie ein böser Zauberer zu sich, ergriff ihre Hand und machte die meisten sofort zu willenlosen Geschöpfen, die er auf Stühle setzte, wo sie, in Trance versunken, auf ihr weiteres Schicksal warteten. Mich konnte er nicht hypnotisieren, ich sah den Hypnotiseur, der mir die Hand fest presste, ganz unbeeindruckt an. Er sah ja auch sehr gewöhnlich aus, so ungefähr wie einer der Hausierer, die mit ihrem Koffer im Hausgang erschienen und der Mutter eine Bürste verkaufen wollten. Andere aber, auch Pfadikameraden, gerade solche, von denen ich dachte, sie würden sich niemals erwischen lassen, gerieten sofort ausser sich, wenn ihnen der Maestro nur mit dem Zeigfinger zugewinkt hatte. Sie kamen mit weit vorgestrecktem Arm auf den Zauberer zu, schon in Trance, und er konnte sie gleich zu ihrem Stuhl führen.

Das Spektakel, das dann begann, war abenteuerlich und löste im Saal pausenlos Lachsalven aus, die besonders laut auch vom Tisch herüberschallten, an dem die Geistlichkeit sass. Die Verzauberten begaben sich nämlich auf eine Reise. Es ging zum Nordpol! Eisiger Winter, grauenvolle Kälte schien zu herrschen, die armen Versuchskaninchen auf der Bühne begannen zu schlottern und sahen sich hilflos nach etwas Wärmendem um. Jetzt zeigte sich, warum der grosse Leonardo immer ein Männlein und ein Weiblein nebeneinander gesetzt hatte. Diese Paare umklammerten sich nun und versteckten sich unter den über die Köpfe gezogenen Jacken. Im Saal vergassen alle, dass sie katholisch waren und als Katholiken über diese gewiss höchst unkeuschen Situationen lachten. Der Meister erlöste die Frierenden schliesslich und flog mit ihnen in den heissen Süden, nach Honolulu, was natürlich schon bei der Ankündigung des Fluges unbändige Heiterkeit hervorrief. Jetzt wurde es nämlich heiss, und die Hypnosierten begannen sich auszuziehen. Und einer, dem gesagt wurde, er solle doch den schönen Tänzerinnen zusehen, wies mit weit ausholenden Armbewegungen auf die üppigen Formen hin, die er sah. Wieder gelang es dem Hexenmeister, mit seiner Gesellschaft gerade noch rechtzeitig abzufliegen. Die weitere Reiseziele sind mir nicht in Erinnerung geblieben, sie waren wohl weniger verfänglich.

Der etwas gewagte Abend mit »Leonardo« blieb eine Ausnahme. Ich erwähne ihn hier als Beispiel dafür, dass es in unserer Pfarrei nicht immer nur um Sünden, Gebete, Bussübungen oder erbauliche Vorträge ging.

68

Mit dem Pfadibetrieb eng verbunden waren kirchliche Anlässe. Einmal im Monat war Gemeinschaftskommunion, die Pfadfinder traten dabei in Uniform zur Kommunion an. Am Palmsonntag wurden Stechpalmen verkauft, die vorher an einem nur wenigen bekannten Ort in der weiteren Umgebung abgeschnitten und in Säcken verpackt auf Leiterwagen zur Kirche gefahren wurden. Am ersten Adventssonntag wurden Adventskränze angeboten, die vorher an langen Abenden im Pfarreiheim gebastelt worden waren. Und im Dezember zogen wir alle, begleitet vom Präses, in einen meistens tief verschneiten Wald zur Waldweihnacht.

Darüberhinaus gab es für Interessierte zahlreiche weitere kirchliche Angebote. In einem »Studentenzirkel«, der einmal monatlich im Barockhäuschen, das im Stadtgarten steht, stattfand, versammelten sich die katholischen Mittelschüler zu Vorträgen. Es gab Einkehrtage und, für die Ernsthaftesten und Frömmsten, Exerzitien. Und ich las, wie immer neben vielem anderen, den »Kompass«, den ich abonniert hatte.

Höhepunkt meines religiösen Lebens war der Besuch von Exerzitien. Was waren Exerzitien? Etwas sehr Strenges, Jesuitisches, Spanisches. Ignatius von Loyola hatte sie erfunden. Durch den »Kompass« wurde ich auf diese »Geistlichen Übungen« aufmerksam.

»Das Schweigen zuerst. In der Hast der Tage und des Berufes kommen wir Menschen gar nicht mehr richtig zur Ruhe. Wir werden Tag um Tag gehetzt. Darum ist es gut, wenn wir unserer Seele ab und zu wieder Ruhe geben. Dafür sind Exerzitien das geeignete Mittel. Dort herrscht Schweigen. Das muss so sein. Wer sich mit seiner Seele befassen will, wer wissen will, ob er auf dem richtigen Wege ist, der darf nicht im Lärm des Tages sich diese Fragen stellen. Nur in der Stille hören wir die Stimme Gottes zu uns reden, nur die Ruhe gibt uns jene innere Ausgeglichenheit, die allein Voraussetzung ist zu guten und fruchtreichen Exerzitien. Wer übrigens nur um des Schweigen willen vor den geistlichen Uebungen zurückschreckt, der gibt damit zu, dass er ein lauter Mensch ist, der das übertönen muss, was in seiner Seele an die Oberfläche kommen will. Und das ist die *anima naturaliter christiana*, die von Natur christliche Seele.

Zudem werden in den Exerzitien die ewigen Wahrheiten des Glaubens der Seele so lebendig vorgestellt, dass sie von selber still wird und nur noch den Worten «ewigen Lebens» lauscht, die der Herr der Welt ihr sagt. Das allein schon wäre es wert, Exerzitien zu machen: wieder einmal Ruhe gewinnen, um sich mit der Seele zu befassen! Wir haben ja nur eine unsterbliche Seele zu gewinnen oder zu verlieren. Und nie wird einem das Wort des Heilandes klarer, als in der Stille der Exerzitien, sein Wort, das uns eigentlich keine Ruhe mehr lassen sollte, solange wir ihm nicht nachgelebt haben: «Was nützt es dir, wenn du die ganze Welt gewinnst, aber Schaden leidest an deiner Seele?» Sag', Kamerad, was nützt es dir ...?

Das Schweigen ist ein grosser Segen in den Exerzitien. Denn es bedeutet zweifelsohne auch ein Opfer. Gnaden aber können nur durch Opfer erlangt werden, denn Gott will, dass wir ihm ein Stück weit entgegenkommen. Zum Worte der Bibel kann sich der Mensch erst dann erkühnen, wenn es ganz stille um ihn geworden ist: «Rede Herr, dein Diener hört!» Gott, der Herr, macht nie laut. Nur in der Stille lässt er die Menschen seine Stimme vernehmen.

Der Exerzitienmeister wird auch dafür sorgen, dass es wirklich auch Pfader-Exerzitien sind. Sie werden im Pfadfinderstil gehalten werden. Dieser Exerzitienkurs bedeutet deswegen für jeden Führer und Rover ein grosses Erlebnis.«

Ich meldete mich an. Wer hätte sich nach diesem Aufruf nicht anmelden müssen!

69

Wenn wir junge Mädchen sehen,
wenn ein schönes Auge blitzt,
bleiben wir ein wenig stehen,
doch wir wissen, dass uns das nichts nützt,
Hüa-ho alter Schimmel, hüa-ho.

Auch dieses Lied ist im »Liederbuch« zu finden. Wir sangen es, in banger Erwartung der Zeiten, in denen wir als alte Schimmel durch Oberwinterthur trotten würden.

»Eine blutige Nachtüung«, so ist ein Bericht im »Suso« betitelt. Wir ersparen der Leserschaft diese Schauergeschichte aus dem Jahr 1959. Nur soviel sei gesagt, dass uns eine komplizierte Schatzsuche durch den Eschenbergwald führte, und später in der Dunkelheit Schweineblut zum Einsatz kam. Echtes, fürchterlich stinkendes Schweineblut, das ich in Töss aus dem Schlachthaus geholt hatte (man füllte es mir ohne viele Fragen in eine mitgebrachte Flasche). Der «Clou» der Übung (Originalton) bestand darin, dass diese Flasche über meinen Kopf und meine Arme ausgegossen wurde und ich einen richtigen Verletzten zu mimen hatte. «Im Scheine der Taschenlampen sah die Szene wirklich schauerlich echt aus.» Das Fähnli erreichte mit dem notfallmässig verbundenen Verletzten den Eschenberghof, wo Sugar, der keine Halbheiten dulden wollte, nach einem Auto fragte. Eine Dame fuhr mich schliesslich nach Oberwinterthur, nicht ohne über die Pfadi lautstark ihre für uns wenig schmeichelhafte Meinung zu äussern. Ich musste laut Bericht »krampfhaft« meine »Scheinwunden« verbergen und konnte mich erst nachher an einem Brunnen waschen.

Was ging wohl den älteren, »gefestigten« Suso-Persönlichkeiten durch den Kopf, als sie diesen Bericht lasen? War das noch Pfadi oder doch schon übertriebenene Effekthascherei oder gar Blödsinn? Brauchte es bereits solche Inszenierungen, damit sich die Buben nicht langweilten und mit Freude zu den Übungen antraten?

Wir waren damals keineswegs allein mit unseren Nachtübungs-Szenarien. Auch andere Berichte im »Suso« zeugen von Drehbüchern, wie sie in Hollywood nicht besser hätten geschrieben werden können. Kaum zu glauben, dass damals Buben durch die nächtliche Stadt zogen, um als Detektive Spione zu überwachen oder Verbrecher zu jagen.

Und nicht alles war harmlos, wie der folgende Bericht zeigt:

FALL BJ-HO
(eine «harmlose» Nachtübung)
Zwei Schüsse und ein darauf sich verflüchtigendes Rauchwölklein waren alles, was unsere Zöglinge von der begangenen Bluttat bemerkten. Als die Gruppen Jaguar und Büffel im Laufschritt den Tatort, der sogar Spitzfindigkeit der Stadtpolizei harten Widerstand leistete, erreicht hatten, mussten die Leute zuerst einen Rapport über den Fall erstatten. Es handelte sich um einen komplizierten,

hochaufgezogenen russischen Spionagefall mit verbluteten Kleidungsstücken und gewissen Briefen. Die Spur und später der unter »Beschattung« stehende Gangster, ein Zivilist, führen die Gruppe Büffel, die in zivil angetreten war, durch die Stadt zur »Kilbi«, wo mit Hilfe von Freibilletten der Spion genauer überwacht wurde. Der Täter floh jedoch über die Eulach, doch zog sich das Netz wieder über dem Bahnhof Grüze zusammen.

Unterdessen jagten die »Jaguaren« wie irrsinnig dem Täter nach. Nach einem Telefongespräch mit einem bestimmten Mister Milanowitsch, der ihr weiter auf die Spur verhalf, umstellten sie schliesslich geschickt ein Café, worin der Täter seinen Durst zu löschen wagte. Nach einer unglaublichen Verfolgungsjagd, deren Resultat eine zerrissene Hose war (die des Täters), erreichten sie schliesslich den Bahnhof Grüze. Doch zum Schrecken des Täters hatten die klugen Leute der Gruppe Büffel den Bahnhof umstellt. Der Plan, den der Täter im Wartsaal in einer Zeitung deponieren sollte, wurde sofort entdeckt. Nach der darauffolgenden Verhaftung schüttelten sich der Täter und die Pfadfinder die Hände.

Nun war die Übung eigentlich vorbei, nicht aber für die Polizei und uns Gruppenführer. Der Tatort wurde nämlich von der Polizei, die Ernstfall annahm und sämtliche Effekten konfisziert und peinlich genau untersucht hatte, entdeckt. Ein BRAVO auf die pfadfinderfreundliche Einstellung der Stadtpolizei, die uns ausser einer Busse von o (null) Franken und einer milden Ermahnung ungeschoren liess.

Munggi/Petzi Büffel/Jaguar

Mit gemischten Gefühlen denke ich an diese Übung zurück. War es wirklich nötig, Patronenhülsen (in den Schiessständen jederzeit verfügbar) mit Schwarzpulver zu füllen und mit einer Zündschnur zu versehen, über die dann kurz nach dem Antreten die Explosion ausgelöst wurde? An einem Waldrand, wo auch Spaziergänger unterwegs waren? Eine gewisse Überheblichkeit ist den Fünfzehnjährigen nicht abzusprechen, die keineswegs erschraken, als sich am Sonntagmorgen die Stadtpolizei bei Zwerg gemeldet hatte, der sogleich die Schuldigen ausfindig machen konnte. Auch der erforderliche Besuch auf dem Polizeiposten am Obertor war für uns kein Problem. Als die Angelegenheit keine weiteren Folgen hatte, machten wir uns lustig über die »Polypen« (Originalton), die auch wegen eines auf Millimeterpapier gezeichneten Planes einer Gotthardfestung allerlei Untersuchungen angestellt hatten und uns erklärten, sie hätten dann doch bald bemerkt, dass sich »die Spuren nicht im Gotthardgebiet zusammengezogen hätten«.

Von der Pfadfinder- oder der Elternseite gab es keine weiteren Bemerkungen, was wohl darauf schliessen lässt, dass man diesem abenteuerlichen Pfadibetrieb wohlwollend gegenüberstand. Was hätte wohl Bi-Pi zu diesem »Fall« gesagt?

70

Ein alter Pfadfinder mag sich zuweilen auch die Frage stellen, was eigentlich seit den 1950er Jahren geschehen und erreicht worden ist. Die beschriebenen, noch stark von konservativen Einstellungen geprägten Lebenswelten sind weitgehend verschwunden. Tiefgreifende, geradezu revolutionäre Veränderungen haben stattgefunden. Aus einer Industriegesellschaft, die sehr stabile Verhältnisse zuliess, ist nach einem dramatischen Strukturwandel eine Dienstleistungsgesellschaft entstanden, mit grossen Gewinnern, aber auch vielen Verlierern.

Ein alter Pfadfinder – wenn von ihm die Rede sein darf – blickt mit Sorgen in die Zukunft. Ist es nur Alterspessimismus, wenn er glaubt, den »mündigen Staatsbürger« und die »gefestigte Persönlichkeit« nur selten anzutreffen? Irrt er sich, wenn er überall Interessenvertreter sieht, die nur noch von Rechten reden, von Ansprüchen und finanziellen Zuwendungen? Er blickt besorgt auf einen beispiellosen Raubbau an der Natur, auf ökologische Krisen und eine Schuldenwirtschaft zulasten der kommenden Generationen und auch auf ausserordentliche, kaum lösbare Herausforderungen der Gesundheitssysteme. Und er stellt fest, dass Wählerinnen und Wähler weltweit politischen Strömungen ihre Stimme geben, die ihnen unrealistische Versprechungen machen, die niemals eingelöst werden können. Täuscht er sich, wenn ihm will manchmal scheinen will, dass er auf einem Narrenschiff lebt, in einem Disneyland?

Viel wäre dazu noch zu sagen, und dies ganz besonders im Frühjahr 2020, an dem die schöne neue Welt, die entstanden ist, von einer beispiellosen Bedrohung überrascht worden ist. Die Coronaviren zwingen uns jetzt seit Wochen zu bisher undenkbaren Einschränkungen, und die wirtschaftlichen Folgen dieser globalen Krise werden uns noch lange beschäftigen, Eine Besinnung auf Tugenden und Werte, die verlorengegangen sind, könnte dabei hilfreich sein. Vielleicht leistet auch dieses Buch einen kleinen Beitrag dazu? Ich überlasse es den Leserinnen und Lesern, sich ihre eigenen Gedanken zu machen.

Wie würden sich Baden-Powell oder die Gründerväter der Suso heute äussern? Sie wollten aus uns Buben gefestigte, ordentliche, verantwortungsbewusste Menschen formen, Vorbilder, die sich selbstlos dienend für das Gemeinwohl einsetzen. Würden sie heute ihre Ideale, ihr »Pfadfindertum« und ihr »Rovertum« in den Parlamenten, im öffentlichen Dienst, in der Wirtschaft finden? In den Chefetagen? Man lese doch nochmals, was im Pfadfindergesetz steht. Und man bedenke, was unten noch von den Zielen der Roverbewegung gesagt wird.

Viellleicht, so denke ich manchmal, verdanken wir das wenige, das wir erreicht haben, den moralischen und erzieherischen Bemühungen einer früheren Generation, die seit 1968 belächelt und kritisiert wird. So verfehlt manchmal ihre Anstrengungen erscheinen mögen und sowenig sie Resultate zeigen mochten: ich will die »Erzieher« nicht verurteilen, die uns in der Jugendzeit geplagt und erschreckt haben. Wir hätten vielleicht gut daran getan,

wenn wir uns vermehrt nach ihren Vorstellungen ge-
richtet hätten.

Wem die geschilderten pädagogischen Bemühungen
nicht mehr »zeitgemäss« erscheinen, soll bitte aufzei-
gen, welche erzieherischen Ziele die heutigen Sozialisationsinstanzen haben und welche Resulate sie damit
erreichen.

Zu diesen ernsten Gedanken – nicht ohne Augenzwin-
kern und zur Aufheiterung – ein weiterer Auszug aus
dem »Suso« (Januar/Februar 1946, Extrablatt 30 Rp.).

Der »Gute Ton« – und wir!
Was? Guter Ton? Wir Pfader heucheln doch nicht! –
Schau, wenn Du so denkst, bist Du auf dem falschen
Weg. Merk Dir eins: mit einem anständigen Ton und
Gebaren kommst Du weiter im Leben als mit eitler
Frechheit oder falsch verstockter Abgeschlossenheit.
Die Höflichkeit hilft Reibereien im täglichen Leben ver-
meiden. Vergleiche nur mal die Höflichkeit mit dem Öl
einer Maschine; was geschieht wenn diese nicht oder
nur schlecht geölt wird? Ich brauche Dir gar nicht erst
zu antworten, Du weisst es genau. –
Es gibt viele Höflichkeits- und Umgangsformen, die
wir einfach wissen müssen, um uns in jeder Situation
selbstsicher und natürlich zu benehmen. Eine einfache
Regel:
Sei immer so zu Deinen Mitmenschen wie Du wün-
schest, dass diese sich Dir gegenüber verhalten.

Das Äussere und die Kleidung.

Die Sauberkeit Deines Körpers stell allem voran. Ich denke an sauberes Waschen (auch die Ohren), saubere Unterwäsche, ordentliche Fingernägel, geputzte Zähne, geordnete Haare und eine saubere Rasur für die älteren Kämpen. Lass Dir die Haare praktisch und hygienisch, also ziemlich kurz schneiden!

In zweiter Linie kommen Deine Kleider. Wesentlich scheint mir, dass sie sauber und ganz sind, nicht aber, dass sie der letzten Mode entsprechen! Gib acht darauf, dass die Schuhe immer ordentlich gereinigt, die Schuhnestel nicht zusammengeknüpft und die Absätze nicht abgelaufen sind. – Noch viel grösser sind aber die Verpflichtungen, wenn Du Deine Uniform tragen darfst.

Venner! Kontrolliere bei jedem Antreten und Abtreten Deiner Pfadi, denn viele Leute schauen nur auf unser Äusseres. – Wenn Du diese wenigen Ratschläge zu Herzen nimmst und dazu eine stramme Haltung zeigst, darfst Du getrost und sicher unter die Mitmenschen und vor Deine Vorgesetzten treten.

Soweit das »Extrablatt«. – Wenn ich doch, meint meine Gattin, mit der ich seit bald 50 Jahren verheiratet bin, etwas von diesem »Guten Ton« hätte aufnehmen und bewahren können!

O ihr Autoritäten! Ihr Pädagogen, Lehrer, Jungfeldmeister, Pfarrer, Präses, Mütter, Väter, Edelmenschen, Quartiermeister, Feldmeister und Bundesfeldmeister! Nicht alles, was ihr so unermüdlich und aufopfernd ausgesät habt, hat Früchte getragen!

Wenn wir schon beim »guten Ton« sind, sei doch – als kleiner Spass – die Frage gestellt, ob die folgenden Ratschläge für Frauen, die im Jahr 1955 in einem Leitfaden zu finden waren, noch aktuell sein könnten.

»Machen Sie die Kinder schick. Vermeiden Sie jeden Lärm. Ermahnen Sie die Kinder, leise zu sein. Wenn er nach Hause kommt, lassen Sie ihn zuerst erzählen – und vergessen Sie nicht, dass seine Gesprächsthemen wichtiger sind als Ihre. ... Sprechen Sie mit leiser, sanfter und freundlicher Stimme. Denken Sie daran: Er ist der Hausherr. Sie haben kein Recht, ihn in Frage zu stellen.«

71

Hat es diese unermüdlichen, grossen »gefestigten« Persönlichkeiten wirklich gegeben, diese Vorbilder und Gründerväter? Diese Heroen, die wie die grossen Griechen und Römer sich für das Gemeinwohl einsetzten und aufopferten? Langezeit stand für mich ganz ausser Frage, dass es sie gegeben hat. Baden-Powell gehörte dazu, gewiss auch die Bundesfeldmeister und die Bundesräte, und ebenso die Bischöfe, Pfarrer und Vikare. Gewiss auch die beiden grossen Susoaner, die im Nationalrat gewirkt haben! Und alle Verfasser von erzieherischen Schriften! Und eigentlich fast alle Lehrerinnen und Lehrer.

Den grossen Vorbildern entsprachen über alle gesellschaftlichen Schichten hinweg auch weiter unten kleine und unbekannt gebliebene Menschen, Mütter und Väter, Arbeiter und Angestellte. Manche mehr, manche weniger. Manche aber sehr. War nicht Winnetou, der Vater von Hirsch, eine solche grosse Gestalt? Er gehörte zur ersten Generation der Suso-Pfadfinder und war nicht nur »Suso-Dichter«, sondern darüber hinaus auch Schriftsteller und Journalist und allein schon aus diesem Grund für mich Respektsperson. Mit welchen Grossen hatte er verkehrt und die Suso aufgebaut? Im »Suso« erschienen Nachrufe auf Persönlichkeiten, die ich nicht mehr gekannt hatte, die mir aber fast wie Heilige erscheinen mussten. Gik, der 1967 mit 59 Jahren starb, wurde von Winnetou wie folgt gewürdigt:

Ein letzter Gruss

Das Beste, was ein Mensch für einen andern tun kann, ist doch immer, was er für ihn ist.

Lieber Gik,

In fassungslosem Erschrecken hat Dein plötzliches Weggehen aus dieser Welt am Neujahrsmorgen 1967 uns Pfadfinderkameraden zurückgelassen. Gik, der stämmige, sportliche Mann mit dem goldenen Herzen und der ansteckenden Frohmut sollte nicht mehr unter uns weilen? Wir alle konnten und wollten es nicht glauben, aber wir mussten es hinnehmen als einen unerfindlichen Ratschluss Gottes, den man in christlicher Gesinnung zu tragen hat. Dennoch, nebst Deiner Familie, der wir in tiefster Anteilnahme Gottes Trost wünschen, hat uns Dein Tod wohl am schmerzlichsten getroffen. So Vieles hätten wir Dir noch zu sagen gehabt, und sicher hätte es irgendwann einmal einen festlichen Anlass gegeben, an dem wir Dir, lieber Gik, hätten bekunden können, was Du für den APV und das Korps Suso gewesen bist. Nun müssen wir es in einem Nachruf tun, der im wörtlichen Sinn ein Nachrufen in die Ewigkeit ist, in die Du nun eingegangen bist.

Lieber Gik, nicht umsonst haben wir dieses Zitat an den Beginn dieses letzten Briefes an Dich gesetzt. Wollten wir nun nur versuchen, alle Deine grossen Verdienste um die Sache der Abteilung Suso während Deiner 35jährigen Pfadfinderzeit aufzuzählen, so würde das Bild, das wir jetzt als eine Erinnerung an Dich in uns tragen, ein unvollständiges bleiben. Du bist uns eben mehr gewesen als ein technisch und organisatorisch wohlbeschlagener Führer und Abteilungsleiter, mehr als ein strammer APV-Obmann. Du warst uns in erster Linie ein Freund. Absolute Offenheit gegen jeden, eine bezwingende Herzlichkeit, ein geselliges Naturell haben Dich dazu gemacht, und wir haben Dir für diese schönen Gabe von Herzen zu danken. Aber uns Kameraden vom APV war es vergönnt, den wohl grossartigsten Wesenszug in Deinem durch und durch pfadfinderisch geprägten Charakter und Wirken erkennen zu dürfen. Wir meinen Deine unbeirrbare Festigkeit, wenn es darum ging, den Schild der Suso-Pfader rein zu halten. Wie konntest Du Dich doch ereifern, wenn innerhalb der Abteilung Krisen, destruktive Strömungen oder Dekadenzerscheinungen auftraten, und wie versuchtest Du doch stets spontan, Mittel und Wege zu aufbauendem Einwirken zu finden, selbst wenn sich »statutarisch« keine Möglichkeit zu bieten schien. Ja, lieber Gik, die innere Gesundung und das äussere Ansehen unserer Abteilung Suso waren Dir Herzensbedürfnis und Aufgabe. Uns scheint, Besseres könnten wir Dir nicht nachsagen. Du warst ein ganzer Pfadfinder mit glühendem Herzen und helfenden Händen. Du gabst Dein Bestes, warst allzeit bereit, hast gekämpft und gedient. Wir danken Dir für Dein beispielhaftes Pfadfindertum.

Nun sind wir auf Erden zwar um einen grossen Freund ärmer geworden, aber wir sind dessen gewiss, dass wir im Jenseits um einen grossen Fürbitter für die Ideale des Pfadfindertums reicher geworden sind. Der Herr über Leben und Tod wird Dir Dein gutes Wirken lohnen. Uns bleibt neben der Trauer um Dein Weggehen der Stolz und der Dank, dass Du einer der Unsern warst.

Ruhe in Frieden, unvergessener Kamerad Gik!

Für den Altpfadfinder-Verband Suso
    Winnetou

Wenn ich mich richtig erinnere, haben wir, wenn immer wir solch grossen Worten begegnet sind, nicht immer angemessen reagiert. Wir waren uns nur zu sehr bewusst, dass wir zu einer anderen, weniger erhabenen Kategorie von Menschen gehörten und haben uns über den hohen Ton lustig gemacht und am Ende nicht einmal mehr dem Pfarrer alles geglaubt. Die Vorstellung, Fürbitter im Himmel zu besitzen, liess unsere Herzen nicht höher schlagen. Es war unschwer zu sehen, dass die Ideale des Pfadfindertums mit anderen, übermächtigen Zeiterscheinungen kämpften.

Über den hohen Ton gelacht hatten wir im übrigen schon einige Jahre früher, als wir mit der Schulklasse im Zürcher Schauspielhaus eine Schüler-Vorstellung von Schillers »Wilhelm Tell« besuchten. Das Gelächter, das die Szene mit dem sterbenden Attinghausen auslöste, war so gross, dass der Schauspieler sein theatralisches Sterben unterbrach, vor die unruhigen Schüler trat und gebieterisch Ruhe forderte.

Wir lebten alles in allem ein unbeschwertes Leben, waren heiter und zuversichtlich und hatten von den Bedrohungen und den schweren Zeiten, die eine vorhergehende Generation erlebt hatte, nur vage Vorstellungen.

Im sehr lesenswerten Buch »Schöner leben, mehr haben – Die 50er-Jahre in der Schweiz im Geiste des Konsums«, das 2011 im Chronos Verlag erschienen ist, schreibt Georg Kohler über diese Jahre: »Was im Rückblick oft harmlos-idyllische Züge annehmen mag – diese Polizischt Wäckerli-Biederkeiten, der kleinbürgerliche Stolz auf den eigenen Stewi-Ständer, die landesweiten Trauerfeiern zu Ehren des toten Generals (Henri Guisan starb 86-jährig am 7. April 1960), das folgenlose Entsetzen der Erziehungsberechtigten über Bill Haley, Elvis und den zum Comic-Helden gewordenen Tarzan usw. – das verweist in Wahrheit auf eine Periode tiefer Ambivalenzen und Widersprüche: Die 50er Jahre oszillieren zwischen gelungener Zivilisierung gesellschaftlicher Grosskonflikte und der Macht dumpfer Vorurteile, zwischen der Realisierung möglich gewordener Lebenschancen und deren institutionalisierter Unterdrückung. Eine Kultur der Verbote, des Mittelmasses, der Ausschliessung jedweder Alterität ist der düstere Schatten dieser Zeit.

Wer sich mit den 50er Jahren näher befasst, kann darum mit Leichtigkeit Belege für die verschiedensten und sehr gegensätzlichen Strömungen entdecken. Was nichts daran ändert, dass sie trotz allem einen jener weltgeschichtlich raren Momente verkörpern, wo sich die Hoffnung auf menschenmögliches Glück – oder nüchterner: auf Frieden und wachsenden Wohlstand – für die Mehrzahl der Menschen in unserem Land erfüllen konnte.«

Belege zu diesen Einschätzungen finden sich auch in meinen Erinnerungen. Hoffnung und Zuversicht erfüllten uns, und für die Instanzen, die uns im alten Stil nach ihren Vorstellungen formen wollten, hatten wir zumeist nur ein mildes Lächeln übrig. Aber beeinflusst wurden wir am Ende doch, und mehr, als wir es glaubten.

72

Zurück zu »Geistlichen Übungen«, zu den Exerzitien für Pfadfinderführer und Rover.

Es gehörte zu meiner Ernsthaftigkeit und meinen damaligen Überzeugungen, meinem Glauben, vielleicht auch zu meinem Geltungsbedürfnis, dass mich die österlichen Exerzitien anzogen, die jeweils im »Kompass« ausgeschrieben wurden. Sie wurden von Jesuiten geleitet, bekanntlich den klügsten, begabtesten, gebildetsten und daher auch gefährlichsten Priestern, die es überhaupt geben konnte. Mit allen Wassern gewaschene Diener Gottes! Es reizte mich, sie zu treffen. Die Eltern wunderten sich, gaben aber sofort die Erlaubnis zum Besuch. Es kostete nicht viel, drei Tage in Zug, über die Ostertage. Geistliche Übungen, dachten sie, werden ihm doch wohl nicht schaden, wenn man bedenkt, was er sonst alles schon gemacht hat. Ich meldete mich an.

Ich reise nach Zug, finde die grosse neugotische Kirche und gleich daneben das Internat, in welchem die Exerzitien stattfinden. Am Abend werden sie mit einer ersten Andacht eröffnet, und das Schweigegebot wird verkündet. Schweigend gehe ich mit erstaunlich vielen Gleichgesinnten und Frommen in einen grossen Schlafsaal. Am nächsten Morgen weckt uns klassische Musik, erhabene, feierliche Klänge. Und alle beachten das vollkommene Schweigen. Es geht um unsere Seele, und das bedeutet beten und fromme Versunkenheit.

Dürfen in der Schweiz überhaupt Jesuiten leben? Waren sie nicht alle ausgewiesen worden? Es gibt sie jedenfalls, sie haben uns leibhaftig empfangen und leiten jetzt die geistlichen Übungen. Seelenmedizinmänner der feinsten Sorte, hochgebildet, anpassungsfähig, fromm, gehorsam, selber ehemalige Pfadfinder, nun ganz im Dienste eines Herrn stehend, der Himmel und Erde erschaffen hat, von diesem Herrn aus geschickt, diesem Herrn nahe, gewiss noch näher als die Geistlichen der Pfarreien in Winterthur. Die Tage sind erfüllt von Gebeten, Vorträgen, Bibelkommentaren, stiller Einkehr und Gewissenserforschung. Am Karfreitag beten wir im Freien an den Stationen eines Kreuzweges. In den Vorträgen behandeln die Patres das Leiden des Herrn, seinen Kreuzestod, seinen Abstieg in die Vorhölle und seine Auferstehung.

Am Abend suchen manche ihre Seelenführer noch auf, in der Sprechstunde, die sie anbieten. Sie wollen von ihren Sorgen sprechen, ihren Sünden oder ihren Plänen, die nur das Allerschwerste, das Allerunbedingteste, das Allerheiligste betreffen konnten. Einer sagt er wolle Karthäuser werden, worauf Pater Kölliker mit dem langen asketischen Gesicht ein erstauntes Lachen nicht unterdrücken kann. Er beruhigt den Knaben, rät ihm, Geduld zu haben und ruhig weiter seinen Weg zu gehen, als Pfadfinder und Gymnasiast. Der Pater scheint nicht an Berufungen zu glauben! Berufungen gab es nur in der Spätantike oder im Mittelalter, wo man in finsteren schweren Zeiten manchmal auch Hysteriker und Verrückte als Heilige zu verehren begann. Heute wartet man besser ab, bis sich das Seelenleben beruhigt und gefestigt hat. Ja, es wird sich verändern, gründlich verändern, wobei etwas Wehmut immer bestehen bleibt, und der Gedanke an ein heiligmässiges Leben als Beter und Büsser in strengster Abgeschiedenheit nie ganz aufgegeben wird.

Die so überaus beeindruckenden Jesuiten weckten in mir den Wunsch, so zu werden wie sie. Dem Jesuitenorden beitreten! Beten, ein Leben lang. Und andere zum Beten anleiten. Und daneben faszinieremde Vorträge zu halten, gespickt mit atemberaubenden Wendungen und kühnen Wörtern, zum Beispiel dem Wort »Caritashyäne«. Das wäre es, das erwog ich ernsthaft. Vielleicht aber weniger wegen meinem Seelenheil, sondern eher wegen der hohen Stellung, der Macht und der Bewunderung, die ich dann beim gemeinen Volk und auserwählten Gläubigen hätte finden könnte.

Am Ostersonntag folgt dann die freudig begrüsste grosse Wende. Christus ist auferstanden. Das Schweigeverbot wird aufgehoben. Alle kehren erleichtert und geläutert zurück in ihren Alltag. Die Jesuiten tragen zu unserer Verblüffung plötzlich Pfadinamen. Der berühmte Pater Kaufmann heisst plötzlich »Bambus« und darf geduzt werden. Ein Unterhaltungsabend ist angesagt. Geschäftig und gekonnt wird ein ganz pfadimässiger Unterhaltungsabend organisiert, der unübertreffliche Unterhaltung bringt, mit vielen humoristischen Einlagen, die gemäss den Patres, die über einen unerschöpflichen Vorrat an lustigen Witzen verfügen, dem Herrgott durchaus angenehm sind. Wer sich anstrengt und gut und fromm sein will, der darf auch mal laut lachen! Mir bleibt dieser Unterhaltungsabend als etwas genau so Erhabenes und Hohes in Erinnerung wie der Bericht von der Auferstehung und der Ostergottesdienst.

73

Im Januar 1962 wurde ich 16 Jahre alt. Die Zeit als Pfadi war gemäss den organisatorischen Bestimmungen vorbei, ich trat über zu den Rovern.

Wie für die Pfadfinder, sind auch für die Rover grosse und hohe Ziele vorgegeben worden. Für die Sechzehnjährigen hört nämlich die spielerische Erkundung der Welt auf, und es warten auf sie echte und grosse Bewährungsproben. Ein Lehre oder ein Studium muss erfolgreich abgeschlossen, eine Arbeit aufgenommen und gewiss auch eine Familie gegründet werden. Die Roverbewegung setzte sich zum Ziel, den jungen Männern weiterhin Halt zu geben und einen Rahmen zu bieten. Ich zitiere dazu aus verschiedenen Quellen.

Verlangt wird eine konsequente Hilfsbereitschaft daheim und auf dem Arbeitsplatz! Tägliches Bibellesen und Gebet, tägliche Zielbesinnung, frühes Aufstehen zu wertvoller Lektüre, Ausmerzen von persönlichen Fehlern, Überwindung des Haders mit dem Schicksal, Bezähmung der Vergnügungssucht.
  Der Rover kennt seine Pflichten und seine Verantwortung gegenüber der Gemeinschaft.

Verantwortung gegenüber Gott! Der Rover weist nach, dass Gott da ist durch Andacht, Tischgebet, gutes Beispiel. Er trägt Verantwortung gegenüber den Eltern, Verantwortung gegenüber der Öffentlichkeit, Verantwortung gegenüber der Pfadfinderbewegung, Verantwortung gegenüber sich selbst.

Und in der Beziehung zum anderen Geschlecht denkt er immer an den Leitsatz: Der Rover bewahrt die Treue gegenüber seiner zukünftigen Frau. Bekanntschaften sollten nicht schon mit 16 Jahren angefangen werden. Bei der »Roverwache« hat jeder die Möglichkeit, über die Suche nach seiner Frau nachzudenken. Er kann dabei den Wacheführer zu Hilfe nehmen.

Der Name »Rover« wurde von Baden-Powell geprägt. Die Rover bilden eine neuzeitliche Ritterschaft. Im Herzen tragen sie die Pfadfinderideale: Gottesfurcht, Treue zur Heimat und Hilfsbereitschaft.

Auf frohen Fahrten durch die Länder ziehen sie Nutzen aus allem, was sie bei den Pfadern gelernt und erfahren haben. Freudig bereiten sie sich vor auf ihre Pflichten als Staatsbürger und Soldaten eines freien Landes. Sie kämpfen für alles Gute und gegen alles Schlechte und Gemeine.

Deshalb lautet ihr Wahlspruch:

Kämpfen und Dienen!

74

Von dieser sehr ernsthaften Seite habe ich die Rover nicht mehr kennengelernt. An einer »Roverwache«, einer exerzitienartigen Veranstaltung, und am »Roverschwert«, einem Wettkampf, habe ich nie teilgenommen. Gerne gehe ich aber davon aus, dass an vielen Orten diesen Idealen nachgelebt worden ist. Die Rover verhielten sich weiterhin als Pfadi, besuchten die Gottesdienste, halfen mit bei Lagern und absolvierten erfolgreich ihre Berufslehren (»konsequente Hilfsbereitschaft!«) oder höheren Ausbildungen.

Von der Schule und vielen anderen Interessen in Anspruch genommen, habe ich die Roverstufe nicht mehr aktiv mitgemacht, auf jeden Fall nicht mehr so, wie es das Rovertum verlangt hätte. Es hätte Kurse gegeben, Ausbildungsprogramme, Diplome, Wettkämpfe, gemeinnützige Arbeiten oder Anlässe wie »Kundschaft« und »Wache«.

Und Winnetou dichtet …

Strom fliesst rot in meinem Herzen …
Herz, darinnen Sehnsucht wohnt;
Sehnsuchtsqualen, Liebesschmerzen
stillet bald der Silbermond.

Geblieben war der Sport. Das »Pfaditurnen«, das jeweils am Montagabend auf der herrlichen Spielwiese des Lindbergschulhauses stattfand, besuchte ich noch bis Ende der 1960er Jahre. Diese Einrichtung hat sich übrigens bis in unsere Tage erhalten und ist noch immer von Leben erfüllt, allerdings erweitert mit Teilnehmern, die aus anderen Kreisen rekrutiert worden sind. Geblieben war auch der Besuch der »Mätsche« des FC Winterthur.

Die religiösen Bindungen lockerten sich unmerklich, der eifrige Messebesuch wurde mehr und mehr von noch eifrigeren Kinobesuchen (ich schrieb Filmkritiken für die »Winterthurer Arbeiterzeitung«) abgelöst, und die Angst vor der Hölle verschwand. Heute, will es mir scheinen, ist die katholische Kirche von damals kaum mehr wiederzuerkennen. Eine übermächtige Moderne hat auch sie verwandelt und in neue Formen gebracht, ob zum Guten oder zum Schlechten, sei dahingestellt.

Meine Erinnerungen versagen, wenn ich etwas über die Roverrotte »Marathon« sagen möchte, in der ich formell noch Mitglied war. Wir hatten stets etwas Mühe, die Kameraden für roverische Aktivitäten zu begeistern. Ein Beispiel dafür bietet der Bericht von einem Neujahrs-Lager, den ich unten einfüge.

Hatten wir, nach den intensiven und erfüllten Pfadijahren, nach den Ermahnungen der Führer und der Präses, nach den Gemeinschaftskommunionen, den Waldweihnachten, nach dem Studium des »Thilo« und des »Suso« nicht vielleicht doch schon hinreichend die erzieherischen Ideale verinnerlicht? So sehr, dass es für das weitere Leben ausreichte und sich roverische Aktivitäten erübrigten?

Auch ohne weitere Anleitung und Aufsicht sind die meisten von uns doch in etwa das geworden, was unsere besorgten Erzieher aus uns haben machen wollen. Aus uns wurden nicht »Halbstarke«, nicht Extremisten, Anarchisten, Atheisten oder Dienstverweigerer. Gewiss, wir wurden Konsumenten, kauften mit unserem ersten Geld ein Auto und sahen Filme, die wir vielleicht nicht hätten sehen sollen: Mentalitätsmässig aber bekamen wir aber doch viel mit von den traditionellen, nicht immer bequemen Erziehungsinstanzen. Wir blieben mehr oder weniger brav. Manche »Autoritäten«, die uns im späteren Leben begegneten, mussten jedoch einige Ansprüche aufgeben – nicht zu Unrecht, wie mir schien.

Die nachfolgenden Generationen übernahmen am Ende doch grosse Teile der traditionellen Werte, und dies sicher nicht nur in Oberwinterthur. Die Jugend, welche die 1950er Jahre erlebt hat, erinnert sich heute nicht ohne Dankbarkeit an die einst vielleicht gefürchteten Persönlichkeiten, die ihre rigiden Wertvorstellungen durchzusetzen versuchten. Dass eine Gesellschaft auf Regeln und Prinzipien beruhen muss und nicht gedeihen kann ohne Gemeinsinn, ohne Verantwortungsgefühl, Pflichtbewusstsein und Umgangsformen, und nicht ohne ein wohlverstandenes »Pfadfindertum«, ist eine Einsicht, die wir den älteren Generationen verdanken. Die den Jugendlichen in den 1950er Jahren vermittelten Wertvorstellungen haben trotz Anfechtungen und Veränderungen die Schweiz bis heute geprägt. Die damaligen erzieherischen Anstrengungen haben nicht wenig dazu beigetragen, dass die für ein Gemeinschaftsleben notwendigen Werte und Tugenden noch immer vorhanden sind und für den Zusammenhalt einer Gesellschaft sorgen, die von so vielen zentrifugalen Kräften erschüttert wird. Das konservative Lager steht somit nicht ganz auf verlorenem Posten, sondern beeinflusst nach wie vor unsere schweizerische Geisteshaltung.

Wird dies auch noch für das 21. Jahrhundert gelten? Werden traditionellen Werte nicht mehr als je zuvor infrage gestellt? Die Liste der unsere Welt bedrängenden Phänomene ist lang: Globalisierung, demografische und kulturelle Veränderungen, steigende Gesundheitskosten,

Rentenproblematik, Verwerfungen in der Arbeitswelt, Separatismus, Populismus, Armut, Migration, Verrohung im Internet, Fake News, und all dies überschattet vom Klimawandel und seinen Leugnern.

Abstiegserfahrungen haben die Menschen verunsichert und in vielerlei Hinsicht, nicht zuletzt auch politisch, «heimatlos» gemacht. In den westlichen Gesellschaften – ein Blick über die Landesgrenzen hinaus genügt – verlieren die demokratischen Institutionen an Akzeptanz. Der Nationalstaat, der soziale Zusammenhalt und die Kirchen haben weiter an prägender Kraft verloren. Der mündige Staatsbürger ist zwar in der noch immer heilen Welt der Schweiz noch zu finden, verliert aber zusehend an Boden gegenüber dem »Wutbürger«, der populistischen Schlagworten und Versprechungen folgt. Die damit verbundene Verlotterung der Umgangsformen bereitet älteren, traditionsverbundenen Menschen, alten Pfadfindern und Rovern bin ich versucht zu sagen, grosse Sorgen. An Rezepten fehlt es auch ihnen.

Welche Politikerin oder welcher Politiker würde es heute noch wagen, »Genügsamkeit« zu fordern und zum Erziehungsziel zu erklären? Ein *shitstorm* wäre die Antwort, und die Wahlchancen würden schwer beeinträchtigt werden.

Eine kleine Rückbesinnung auf gewisse Aspekte der »Fifties« könnte vielleicht hilfreich sein. Aber dieser Gedanke ist wohl recht naiv.

76

Mit den Rovern der Hohenlandenberger besuchte ich in Zürich im riesigen »Apollo« den Film »West Side Story«, in Cinemascope. Nicht mit dabei war ich, als Kameraden 1963 nach Konstanz fuhren, um die dort gezeigte ungekürzte Version von Ingmar Bergmans »Schweigen« zu sehen. Die katholische Filmkritik empfahl damals den Film jenen, die sehen wollten, wie leer, sinnlos und schrecklich eine Welt ohne Gott ist.

Legendäre Ausflüge führten ins Tessin oder bis weit hinunter nach Italien, nun schon mit Vespas oder Autos. Ich erinnere mich an sehr gewagte Überholmanöver auf der Gotthardstrasse oder an Versuche, auf den ersten Autobahnteilstücken, die es damals gab, das Gaspedal bis zum Anschlag durchzudrücken. Die rund 1000 Verkehrstoten, die in diesen Zeiten pro Jahr zu verzeichnen waren, gaben zu keinerlei Bedenken Anlass. Autos waren zentrale Bestandteile unserer Welt. Auch für mich war ein Auto unerlässlich. Sobald es möglich war, kurz nach dem ersten Monatslohn, kaufte ich von Berry, einem Roverkameraden, einen wunderbaren, kleinen grünen MG. Von dieser Autokrankheit bin ich seit langem geheilt, unsere Zeit aber noch keineswegs.

Litten wir darunter, dass wir nicht nach Bali, sondern nach Unterschächen fuhren, nicht nach Kalifornien, sondern an den Sarnersee, nicht nach Kolumbien oder Australien, sondern nach Fischenthal? Wir langweilten uns nie, unsere Ausflüge waren spannend, und wohl auch unterhaltsamer als die Weltreisen, die heute anscheinend unumgänglich sind und auch risikolos, weil im Notfall das EDA hilft und die Rückführung organisiert.

Wer mit einer Vespa unterwegs ist, muss improvisieren können. Frosch fährt, Zwerg sitzt auf dem Sozius. Schon in Pfungen steht das alte Vehikel still, der Auspuff ist total verrusst. Man muss ihn daher ausbrennen, ein Feuer wird entfacht und der Auspuff ins Feuer gelegt. So wird er tatsächlich wieder brauchbar, wird wieder montiert und die Reise kann weitergehen. Auf dem Heimweg allerdings gibt es einen lauten Knall, das Kupplungskabel ist gerissen. Jetzt muss Zwerg auf dem Sozius das Kupplungskabel halten und immer kräftig daran ziehen, wenn Frosch «Kupplung» ruft, was bei der Durchfahrt in Zürich sehr häufig vorkommt.

Manchmal habe man auch einen Furzwettbewerb gemacht, hörte ich. Man hätte absichtlich besonders viele Zwiebeln ins Essen gemischt, um dann am Abend zu entscheiden, wer die lautesten Fürze loslassen könne.

Was die Beziehung zum anderen Geschlecht betraf, so sorgten die moralischen Grundsätze, die uns vermittelt worden waren, dafür, dass nichts geschah, das nicht strengen Moralvorstellungen entsprochen hätte. Dass in der Reklame und in den Kinos dieses wenig bekannte Geschlecht in reichlich gewagten Posen und Szenen zu sehen war, ist ein anderes Kapitel.

Ich hätte Kurse besuchen und Rottmeister werden können. Man sehe, was angeboten wurde:

Rottmeister (Jungfeldmeister)

Winterhalbjahr 1958/59
  Kurs: 2 Wochenende, 5 Kursabende, 1 Lagerfeuer

Zu Beginn und zum Abschluss der Anlässe soll der Kurs-
leiter einen kurzen, zum Kursthema passenden Gedanken
eines bedeutenden Menschen oder aus der Geschichte
vorlesen. – Diese Betrachtung wird stehend angehört.

Im Kurs sollen mindestens 5 neue und gute Roverlieder
eingeübt werden. – Jeder Teilnehmer erhält ein Kursheft.

Auf dem Programm stehen unter anderem Frühturnen,
Andacht, Frühstück (rottenweise: Abkochen obligato-
risch), Lieder, Verlesung des Bundesbriefs von 1291 oder
einer anderen Urkunde aus der Gründerzeit der Eidgenossenschaft, Harmonische Persönlichkeitsgestaltung,
Wille und wie ihn festigen, Vorbereitung einer Kundschaft.

Nach dem Wegzug aus Winterthur verlor ich schon bald
den Kontakt mit den Pfadikameraden. Ich hätte diesen
Kontakt wohl auch nicht mehr gefunden, wenn mich
nicht familiäre Bindungen wieder häufig nach »Oberi«
geführt hätten. Unzählige Erinnerungen sind so wieder
aufgetaucht, auch Erinnerungen an das »Suso«-Mittei-
lungsblatt, dessen schon leicht vergilbte Blätter ich im

Archiv des Altpfadiverbandes Suso fand und nicht ohne Wehmut und manchmal auch mit Kopfschütteln studieren konnte.

77

Meine Erinnerungen, so mögen manche finden, würden zu sehr die problematischen und zuweilen auch lächerlichen Seiten der Pfadibewegung betonen. Diese Seiten waren aber zweifellos vorhanden. Es gab Indoktrination und Einschüchterung, und die Erziehungsgrundsätze waren aus heutiger Sicht zu streng und zu einseitig, im kirchlichen Bereich sogar von mittelalterlicher Unduldsamkeit und Härte. Ich berichtete von Erziehungsmethoden, die heute nicht mehr nachvollziehbar sind und geschichtlich gesehen näher bei den Spartanern liegen als in der heutigen Welt.

Ich habe aber auch, nicht ohne Nostalgie, von viel Positivem berichtet, das heute zu fehlen scheint. Gewiss, längst nicht alle waren von grossem Idealismus erfüllt, nicht alle waren fleissig, arbeitsam, ausdauernd und pflichtbewusst. Der Einsatz für die Gemeinschaft war manchmal auch von Geltungssucht, Bequemlichkeit, Egoismus und anpasserischem Verhaltem begleitet. Davon zeugen die vielen Ermahnungen und Klagen, die ich in diesen Aufzeichnungen dokumentiert habe.

Unsere kleine Welt, die zu beschreiben ich versucht habe, beruht auf einer langen Vorgeschichte. Die Erziehung, der wir ausgesetzt waren, hatte Quellen, die ich hier nur andeuten konnte und längst nicht alle kenne. Das Milieu, in dem wir »gediehen« war geprägt von pädagogischen Bemühungen, die über Generationen, ja über Jahrhunderte und Jahrtausende hinweg unternommen worden waren. Stets haben sich Gemeinschaften mit Erziehungsfragen befasst und diesen eine grosse Bedeutung beigemessen.

Waren es nicht altrömische Tugenden, die hier der Jugend beigebracht werden sollten? Sparsamkeit, Tapferkeit, Ausdauer, Zuverlässigkeit, Sittenstrenge, die Sachlichkeit eines Bauernvolkes? Man sehe, wie der Zürcher Althistoriker Ernst Meyer, dessen Vorlesungen ich später hörte, in seinem Werk »Römischer Staat und Staatsgedanke« die Römer charakterisiert.

»Der Charakter des Römers war bestimmt durch eine kühle, nüchterne Sachlichkeit, die sich auf allen Lebensgebieten äusserte. Gefühlsüberschwang, Schwärmerei, Leidenschaftlichkeit und ihre Äusserungen waren ihm in tiefster Seele zuwider und galten ihm als eines erwachsenen, ernsthaften Mannes unwürdig. Nicht von Gefühlen und Affekten sollte das Handeln des Mannes gelenkt sein, sondern von seiner Vernunft und seinen geistigen Kräften. Gravitas, Ernst, Würde und Redlichkeit und constantia, die Standhaftigkeit, gleichmässige Stetigkeit und Festigkeit in Charakter, Denken und Handeln, das feste Insichruhen des gereiften Mannes sind seine immer wieder als römisch gepriesenen Haupteigenschaften. ... Die römische virtus, die 'Mannhaftigkeit', sah man vor allem in harter Arbeit und steter Tätigkeit, im standhaften Aushalten und Überwinden auch von Mühsal, Schwierigkeiten und Widrigkeiten. Bequemlichkeit, Lässigkeit und Lebensgenuss galten als eines Römers unwürdige Verweichlichung und Schlaffheit.«

Von diesen Erziehungszielen waren jene, denen ich in den »Fifties« ausgesetzt war, gar nicht so weit entfernt. Dass sich Eltern, Kirche, Schule und Pfadfinderbewegung dabei über die Grundsätze einig waren, verstärkte nur ihre Wirkung. Diese Ideale mögen heute im Vergleich mit neuen, modernen Bildungsbemühungen altväterisch und verstaubt erscheinen. Ein alter Pfadfinder darf sich aber fragen, ob die heutigen Ziele, sofern es sie denn überhaupt gibt, geeignet sind, neue Generationen so zu bilden, dass sie den Herausforderungen gewachsen sind, die auf uns zukommen.

Für mich steht fest, dass die Bilanz dieser Jahre insgesamt positiv ist. Zeugnis dafür ist die Erfolgsgeschichte der Schweiz, die nie möglich geworden wäre ohne die Tugenden, die damals gepredigt und gefordert worden sind. Andere Faktoren haben gewiss auch mitgespielt, und in der Frage, was letzlich den wirtschaftlichen Erfolg oder Misserfolg von Gesellschaften bewirkt, mag es viele kontroverse Meinungen geben. Sie alle werden aber berücksichtigen müssen, dass das mentale Faktoren, Einstellungen und Wertvorstellungen eine grosse Rolle spielen. Wenn die Schweiz historisch gesehen wie ein Wunder erscheint, so nicht zuletzt deshalb, weil viele Generationen zentrale Werte gepflegt und vorgelebt haben. Ausnahmen vorbehalten.

Mir gefällt eine Aussage, die der bekannte Ameisenforscher und Evolutionsbiologe Eduard O. Wilson in einem seiner Werke macht. Er sagt, dass die Probleme der amerikanischen Gesellschaft lösbar wären, wenn ihre Elite aus aufrechten »Eagle Scouts« bestehen würde (ein »Eagle Scout« ist ein besonders hoher Rang, den nur vier Prozent aller amerikanischen Pfadfinder erreichen). Auch die Schweiz hatte ihre »Eagle Scouts«, vielleicht mehr als nur vier Prozent, und diese haben auf verschiedensten Stufen ihren Beitrag zum Wohle unserer Gemeinschaft geleistet.

Ich möchte niemanden verurteilen, auch die Kirche nicht, mit ihren Beichtstühlen und Todsünden. Die damaligen Verantwortlichen haben einem Zeitgeist Tribut bezahlt, der noch von langen, entbehrungsreichen Kriegsphasen und militärischem Denken geprägt war. Diesem Zeitgeist haben sich nur wenige entziehen können, und nur langsam hat er Neuem Platz gemacht. Wir können dem Schicksal dankbar sein, dass die Weltgeschichte eine Wendung genommen hat, die Europa Frieden und Sicherheit brachte. Im Kalten Krieg schien es nicht ganz ausgeschlossen, dass Tugenden wie Tapferkeit und Opfermut wieder gefragt sein könnten. Nachträglich haben nun jene recht bekommen, die ein »menschliches« Pfadfindertum betrieben, das von Augenmass geprägt war und dem Spass und dem Vergnügen Raum gegeben hat, ohne die sportlichen Seiten zu vernachlässigen. Diese Art Pfadfindertum habe ich bei den Hohenlandenbergern gefunden und geschätzt.

78

Staaten sind keine Selbstverständlichkeiten und auch keine Selbstbedieungsläden. Sie benötigen von den Menschen, die in ihnen leben, die Bereitschaft, sich zu engagieren und nicht nur Rechte zu fordern, sondern auch Pflichten zu akzeptieren.

Aufschlussreich und interessant ist ein Artikel von Nationalrat Peter Dürrenmatt (1904-1989, Historiker, Publizist und Politiker), der im März 1961 im »KIM« erschien, der offiziellen Führer- und Roverzeitschrift des Schweizerischen Pfadfinderbundes. Der Text zeigt, welche Bedeutung man in konservativen Kreisen den erzieherischen Bemühungen der Pfadfinderbewegung beimass. Ich gebe ihn hier ungekürzt wieder, er ist in weiten Teilen noch immer sehr lesenswert.

Pioniere im Kampf gegen das Chaos
Die vierte Kraft

Der erzieherische Dienst an der Jugend, wie ihn Pfadfinder und Rover erfüllen, gehört in das Bild unserer Zeit. Während noch vor zwei Jahrhunderten die Familiengemeinschaft – und zwar für alle der damaligen »Stände« – das Monopol für die Erziehung des Kindes und der Jugendlichen innehatte, weitete sich in der Folgezeit der Kreis der den jungen Menschen formenden Einflüsse ständig aus. Man möchte sagen, es sei im selben Umfange, in dem sich das Weltbild des Menschen ganz allgemein erweiterte, das Erziehungsmonopol der Familie und der Kirche in Frage gestellt worden. An die Seite der Familie trat mit der allgemeinen Schulpflicht die Schule, und schliesslich neben der Schule der obligatorische (Kadetten!) oder der freiwillige Erziehungsverband.

Es kann nicht Aufgabe der folgenden kurzen Betrachtung sein, gründlich zu untersuchen, wie weit der Abbau des Erziehungsmonopols der Familie und der Kirche zu bedauern ist, wie weit er Möglichkeiten brachte, die Erziehung des Menschen sinnvoll zu ergänzen. Wir gehen jetzt einfach von der Tatsache aus, dass diese Entwicklung stattgefunden hat. Wobei wir hinzufügen, dass das Fragwürdige wohl weniger darin zu suchen ist, dass die Familie ihr Monopol verlor, als dass sie selbst in eine bedenkliche Erschütterung hineingezogen wurde. Darin sehen wir eine der eigentlichen Gefahren für die Zukunft unserer menschlichen Entwicklung, dass die Familie in zu vielen Fällen davon bedroht ist, den Charakter der menschlichen Zelle zu verlieren, und dass andere gesellschaftliche Gebilde nicht als Ergänzung an ihre Seite treten, sondern sie ersetzen oder verdrängen.

Die erzieherische Arbeit an der Jugend muss unter dieser Realität bewertet werden. Was heute droht, ist nicht nur der Abbau der Gemeinschaft an und für sich, sondern die Ersetzung der alten Gemeinschaften durch zufällige, durch – wenn ich den Ausdruck gebrauchen darf – hordenartige Gebilde. Der Jugendliche, der schon zu Hause auf die Strasse gestellt wird, weil sich niemand mit ihm abzugeben gewillt ist, schliesst sich, wie es gerade kommt, mit Gleichaltrigen zusammen. Später setzt sich das fort, in der Bar, im Spielsalon, im Kino und im Dancing trifft man sich unter seinesgleichen, um sich unter seinesgleichen in seinen renommierenden Unarten bestätigt zu sehen. Und bereits ist ein Clan entstanden, der eines Tages, wenn die Gelegenheit es will, als »halbstark« Aufsehen erregen wird.

Gewiss, unser Beispiel bezieht sich auf den extremsten Fall. Es zeigt sich aber doch, wo die Aufgabe des Dienstes der Erziehungsgemeinschaft beginnt, es zeigt, worin der geniale Gedanke der von Baden-Powell gegründeten Pfadfinderbewegung liegt. Der junge Mensch soll nicht «irgendwie» erfasst werden, sondern auf der Grundlage einer festgefügten, moralischen Wertwelt. Er sollte aber in diese auf eine, seinem Denken und Fühlen entsprechende, fast unauffällige Art und Weise hineinwachsen. Er sollte früh darin geübt werden, sich selbst zu erziehen. So trat die Pfadfinderbewegung als vierte Kraft neben Famlie, Kirche, Schule. Fast seherisch hatte Baden-Powell erkannt, dass das technische Zeitalter auf dem Gebiet der Gesellschaft einer Auflösung der Gemeinschaft entgegentrieb und dass eine vierte Kraft notwendig war, um dem Zerfall zu steuern.

Seine Bewegung trat nicht an die Stelle der Familie. Sie war nicht, wie etwa der deutsche Wandervogel, eine Bewegung, die die »Autonomie« und die »eigenen Rechte der Welt der Jugendlichen« revolutionierend postulierte und so den natürlichen Gegensatz zwischen dem heranwachsenden Menschen und den ihn umgebenden, nicht mehr überzeugenden Konventionen erst recht hervorhob. Baden-Powell wollte einfach, auf der Gegebenheit einer Wertwelt, das Ziel, den heranwachsenden Menschen für die Gemeinschaft tauglich zu machen, im Auge behalten.

Die Entwicklung hat ihm recht gegeben. Wir erleben heute, wohin der Mensch kommt, wenn er in die totale Vereinzelung gerät; wie dieser Mensch hernach an der von ihm geschaffenen, technischen Zivilisation verzweifelt und schliesslich zerbricht.

Jene Minderheit, die sich der Zerstörung der Gemeinschaft entgegenstellt, indem sie ihr Erziehungswerk auf der Grundlage fester Werte und Begriffe entschlossen in die Zeit und Gegenwart hineinstellt, leistet nicht nur der jungen Generation einen Dienst, sondern der menschlichen Gesellschaft und der Gesellschaft eines jeden Volkes schlechthin. Sie sind Pioniere im Kampf gegen das Chaos!

Soweit Peter Dürrenmatt. »Pioniere im Kampf gegen das Chaos«? Schön wär's. Hätte ich diese Worte vielleicht als Titel für mein Buch verwenden sollen?

Sind wir »gefestigte Persönlichkeiten« geworden? Haben wir etwas geleistet, etwas bewirkt? Andere gesellschaftliche Kräfte waren sehr viel stärker. Wenn wir etwas für uns in Anspruch nehmen könnten, so wären es vielleicht einige kleinere Verdienste. Dass wir im Alltag, in unserem kleinen Einflussbereich, gewisse Werte hochgehalten haben. Pioniere im Kampf gegen das Chaos waren wir

nicht. Aber vielleicht Kräfte, die das Chaos da und dort
in Grenzen hielten.

79

Zweifel an unseren Möglichkeiten sind schon immer geäussert worden, auch unter den Pfadfindern. Es gab kritische Fragen, gerade auch mit Berufung auf andere, neue Werte. Solche Fragen fanden auch Eingang in den »KIM«:

Aus dem Brief eines Rovers:

Treu Gott – welchem Gott? Dem protestantischen, dem katholischen oder dem mohammedanischen?

Treu dem Vaterland? – welchem Vaterland? Dem sterilen, selbstgerechten, das uns den Wohlstand erhält?

Hilfreich dem Nächsten? – welchem Nächsten? Ist nicht jeder sich selbst der Nächste? Leben wir nicht im Überfluss und lassen Millionen hungern? Und kaufen einfach hier ein Abzeichen und dort ein Säcklein Reis?

Gehorsam dem Pfadfindergesetz – Wahrheit, Treue, Ritterlichkeit, Sauberkeit, wer glaubt daran? Pfarrer, Lehrer, Führer und Väter haben uns das gepredigt. Predigen und selber tun ist zweierlei! Natürlich gibt es ewige, weltfremde Idealisten, aber sie passen nicht in unsere Zeit!

Hohlheit und Schein serviert man uns als wertvollstes, ererbtes Kulturgut. Schema und Tradition will man uns wie Zwangsjacken umhängen.

Zählt uns die auf, die sie nicht kleingekriegt haben! Die am Ende nicht ihr bisschen Glück und Geborgenheit durch Anpassen fanden! Die sich selber blieben!

In einem Kommentar zu diesem Brief eines Rovers wird zunächst scharfes Geschütz aufgefahren: »Lästermäuler haben bei uns nichts verloren!« Dann aber wird eingeräumt: »Sind es vielleicht doch ehrliche Fragen eines ehrlichen Rovers .. «

Ideen umzusetzen und für eine bessere Welt zu kämpfen, kann konfliktreich sein. Wäre eine bessere Welt entstanden, wenn die Pfadfinderbewegung erfolgreicher und umfassender gewesen wäre? Und heute weltweit Pfadfinder und Rover in den Machtzentralen sitzen würden? Fragen über Fragen. Eine Gesamtbilanz der Pfadfinderbewegung zu ziehen, ist kaum möglich. Es verhält sich mit der Pfadfinderbewegung wie mit den anderen Erziehungsinstanzen. Sie stossen auf scheinbar unveränderliche Realitäten, auf unlösbare Konflikte, auf interne Meinungsverschiedenheiten und Auseinandersetzungen, auf eine Menschennatur, die vielen anderen Einflüssen ausgesetzt ist und sich längst nicht immer nach erwünschten Normen richtet.

»Ich habe mich wohl schon tausendmal über diese Fähigkeit des Menschen gewundert, das höchste Ideal neben der niedrigsten Gemeinheit in seiner Seele hegen zu können, und beides mit vollkommener Aufrichtigkeit.« – Fjodor Dostojewski, *Die Brüder Karamasow.*

80

Vieles könnte noch berichtet werden. Vieles müsste auch noch besser erklärt und dargestellt und in den grösseren Rahmen der Zeitgeschichte gestellt werden. Dass andere diese Zeiten wohl anders erlebt haben und anders sehen, habe ich schon einleitend gesagt.

»Was fehlt noch?« fragt Hirsch, nachdem er in seinem Buch über das Leben in Oberwinterthur berichtet hat. Es fehlen, so bin ich versucht zu sagen, die Namen der Suso-Pfadfinder. Sie alle haben ihre Verdienste, im Kleinen und im Grossen, und ihre Namen sollen hier in einem kleinen imaginären »Pantheon« aufgeführt werden. Einige Namen, vorwiegend aus meiner Generation, führe ich hier auf, in zufälliger Reihenfolge und ohne Anspruch auf Vollständigkeit.

Zwerg, Sugar, Mops, Winnetou, Adler, Sirene, Haas, Pfoschte, Berry, Bibi, Zufi, Schalk, Sirene, Trabant, Zabli, Piano, Ibykus, Frosch, Petzi, Bär, Gik, Mungo, Melo, Grock, Quack, Attila, Loki, Chätzli, Kibitz, Buddha, Wanze, Bambi, Stengel, Hirsch, Röhre, Guezli, Mumie, Chratte, Stumpe, Fackel, Pratzi, Uele, Fuchs, Daggel, Gik, Kobra, Chriesi, Zebra, Muus, Pech, Pajass, Bijou, Häsli, Düse, Pieps, Chümi, Mutz, Büsi, Torpedo, Chessel, Chümi, Pudel, Fuchs, Uhu, Zwirbel, Sprutz, Flade, Strick, Sultan, Rugel, Schlängli, Mustang, Ratz, Biber, Gispel, Pfiff, Röhre, Mugge, Zabli, Punkt, Chrott, Pinsel, Tolgge, Pelikan, Zottel, Kauz, Specht, Bussard, Wäspi,

Fink, Specht, Kobold, Kuckuck, Molch, Strieli, Süle, Wehner, Tango, Blitz, Ziegel, Tapir, Gümel, Brumm.

Es fehlen die Namen der Wolfsführerinnen! Man möge mir verzeihen, aber wegen der stets so streng beachteten Geschlechtertrennung in meiner katholischen Pfadiwelt – »Social Distancing« gibt es nicht erst seit dem Frühjahr 2020 – sind mir leider kaum Namen im Gedächtnis geblieben. Auch die Namen der Wolfsführerinnen müssten im »Suso-Pantheon« auf Marmorplatten eingeschrieben werden.

Zwei grosse Suso-Pfadfinder verdienen es, besonders hervorgehoben zu werden. Wehner war von 1966 bis 1990 Stadtrat (Exekutive) und von 1979 bis 1990 Nationalrat. Und Mungo gehörte von 1974 bis 1986 dem Stadtparlament und von 1991 bis 1999 dem Nationalrat an.

Ich will hier schliessen. Ich hoffe, den Leserinnen und Lesern (sofern es sie denn geben sollte) mit diesen Aufzeichnungen einiges Vergnügen und nur wenig Ärger bereitet zu haben. Sie sind ganz aus meiner eigenen Perspektive geschrieben und so möglicherweise nur ein »Munggi-Buch«, das, von einem gestrengen Bibi an einem Fähnlilauf bewertet, höchstens eine durchschnittliche Punktzahl erhalten würde.

Ich schliesse mit einem mir lieben, sehr stimmungsvollen Bericht über mein einziges Rover-Lager, der im »Suso« erschien.

NEUJAHRS-LAGER DER ROTTE MARATHON (HO)

Also, die Rotte Torero verbringt Silvester und Neujahr auf der Höchweid, oberhalb Fischenthal und wohin gehen wir?

Ibykus: »Habe mich der Rotte Torero angeschlossen, gehört zur Tradition«.

Bär: »Ich geh mit zwei Arbeitskollegen nach Alt St. Johann.«

Grock: »Meine Eltern gehen auch Skifahren, kann leider nicht kommen.«

Kobra: »Zuviel Arbeit bindet mich an mein Haus.«

Nur noch drei, Munggi, Mops und Petzi sind bereit ein selbstständiges Lager durchzuführen. Zu dritt ein Lager – ist doch etwas wenig, aber vielleicht interessiert sich noch ein Gruppenführer dafür. Richtig, Häsli und Mutz ergänzen das Trio zu einem Quintett.

Dieser erste und wichtigste Schritt wäre nun gemacht, es folgt logisch der zweite. Dieser zweite Schritt, bei uns die sogenannte Ortsbestimmung, wurde schneller als erwartet gelöst. Munggi hatte die geniale Idee, unsern ehrenwerten Rover-Präses, H.H. Vikar Dr. A. Schibli, der alljährlich eine Ferienkolonie in Unterschächen leitet, nach dem dortigen Ferienhaus zu befragen. Jener hatte zwar einiges Bedenken, doch konnte er uns vertrauenswürdigen Individuen nicht widerstehen. Er willigte schliesslich unter durchaus tragbaren Bedingungen ein. Besten Dank (Nachtrag)! Den dritten Schritt, die Finanzierung, hatte jeder selbst zu lösen, denn das Christkind hat auch uns an Weihnachten nicht ganz vergessen. Nun durften wir noch die unerlässlichen Vorbereitungen treffen, denn fünf Tage sind immerhin 120 Stunden!

Samstag, 29. Dezember, 6.00 Uhr, Besammlung am Bahnhof. Anwesend 4 plus einer. Die wohlbekannte Strecke nach Zürich war bald hinter uns. Es folgten einige unangenehme Augenblicke. Umsteigen mit Gepäck und Ski ist nicht gerade ein Vergnügen! Weiter ging es nach Thalwil, Zug, Arth-Goldau und endlich nach Flüelen. Nicht weniger als zweimal irrten wir bei der Suche nach dem Postauto, welches unsere Torheit pries und – beim Bahnhof hielt! Nach gut halbstündiger Fahrt langten wir in Unterschächen an, wo uns der dort ansässige Pfarrhelfer den Weg zum Ferienhaus zeigte. Ganz erstaunt über das gut eingerichtete Haus begannen wir uns einzuquartieren. Trotz der Anwesenheit von nicht weniger als 8 verschiedenen Schlafräumen beschränkten wir uns auf nur gerade einen. Hernach hielten wir im Dorf Umschau und besorgten auch gleich die ersten Einkäufe. (Nur Konserven und Teigwaren!) Nach dem Mittagessen schnallten wir die Skier um und schon hatte auch jeder seinen Namen wie z.B. Roger Staub, Karl Schranz usw. Erst beim Einbruch der Dunkelheit kehrten wir in unsere Villa zurück. Dass die erste Nacht, die sogenannte Geisternacht, uns nicht viel Schlaf einbrachte, merkten wir am darauffolgenden Morgen. Nur ganz knapp konnten wir eine Verspätung beim Besuch des Spätgottesdienstes vermeiden.

Tischtennis, Schach und Monopoli ergänzten das Tagesprogramm und liessen den Müssiggang nie aufkommen. Für die Silvester-Neujahrs-Nacht war ein Festschmaus geplant. Wir wollten auf Konto Sicher gehn und kauften den Fruchtsalat in Konservenbüchsen ein. Im übrigen verlief jene Nacht wie sie bei den meisten verlief. Am Neujahrstag kamen wir noch in den Genuss eines mit überdurchschnittlicher Besetzung veranstalteten Abfahrtsrennens. Adolf Matthis hiess der überlegene Sieger. So schritt das im letzten Jahr begonnene Lager dem Ende zu.

NB. Wenn ich nun den Schluss des Lagers nicht mehr so ausführlich berichte, so kann ich das ja für eventuell Interessenten mündlich nachholen, was meiner Zeit bedeutend weniger abträglich ist (Tel. 7 29 62).

Die LETZTE Nacht wurde auch als letzte Nacht begonnen. Nachdem wir uns mit verschiedenen Geistergeschichten, in denen Vampire, Garibaldi und Z'Graggen die Hauptrollen spielten, die nötige Spannung selber eingeflösst hatten, schlich sich der mutige Mops auf den Abort. Kurz nachdem er unseren Blicken entschwunden war, hörten wir einen verzweifelten Schrei, und eh wir uns versahen, entnahm uns eine schwarze Geisterhand das Licht. Die darauffolgenden Minuten waren schaurig. Ja, sie waren so schaurig, dass ich mich ihrer lieber nicht mehr erinnere. Das natürlich auch aus Rücksicht auf die nervenschwachen Leser. Begnügen wir uns einfach mit dem Wort «Schauderhaft», denn Reden ist zwar Silber, Schweigen aber Gold!

Der nächste und zugleich letzte Lagertag brauche ich kaum noch zu schildern, denn es passierte das, was passieren musste, mit einer Ausnahme. Unser sonst zuverlässige Reiseführer Munggi liess sich durch einen alten Fahrplan irre führen. Das letzte Postauto fuhr nämlich schon 15.30 und nicht 17.00 Uhr ab (Sommerfahrplan). Dies bemerkten wir natürlich zu spät. Was machen? Mit dem Gepäck und den Skiern den gut 14 km langen Weg zu Fuss zurückzulegen war auch für die Rotte Marathon ein bisschen zu viel. Nach langer Telefoniererei fuhr uns dann ein Garagist mit einem alten Chevrolet auf den Bahnhof. Natürlich gegen Bezahlung (Fr. 20.-). Beinahe etwas traurig fuhren wir in umgekehrter Reihenfolge wie Hinfahrt zurück. Nein, nicht wegen der 15minutigen Verspätung, etwas anderes bedrückte uns. Alles ist vorbei, vorbei und das Leben (wenigstens unseres) nimmt wieder seinen gewohnten Lauf.

Nur noch einen Wunsch haben wir noch, nicht an Euch verehrte Leser – oder doch? Dürfen wir nächstes – nein schon dieses Jahr – wieder Silvester und Neujahr in Ihrem Ferienhaus verbringen, H.H. Dr. A. Schibli? (Bemühungen im Gang!) – Petzi –

»Alles ist vorbei, vorbei« Was blieb? Nicht nichts. Vielleicht sogar sehr viel.

Bern, im April 2020

Nachwort und Dank

Dieses Buch ist ohne fachliche Begleitung durch einen Verlag publiziert worden. Ich hoffe, dass ich nicht gegen die Bestimmungen verstossen habe, die für Publikationen dieser Art bestehen. Ich habe mich bemüht, keine Autoren- oder Persönlichkeitsrechte zu verletzen. Falls ich dennoch Rechte oder auch Gefühle verletzt haben sollte, bitte ich um Entschuldigung und Nachsicht.

Entsprechend dem Pfadfindergesetz (»Des Pfadfinders Wort ist wahr«) habe mich bemüht, immer bei der Wahrheit zu bleiben und alles so zu berichten, wie ich es erlebt habe. Kleinere Fehlleistungen des Gedächtnisses sind dabei nicht ganz auszuschliessen, und vielleicht bin ich manchmal auch nostalgischen und sentimentalen Anwandlungen zu sehr gefolgt.

Betonen möchte ich auch, dass ich seit rund sechzig Jahren den Kontakt zur Pfadfinderbewegung verloren habe. Meine Ausführungen betreffen in keiner Weise die heute aktiven Pfadfinder. Ich kenne sie nicht näher, bin aber überzeugt davon, dass ihre Leiterinnen und Leiter sehr gute und wertvolle Jugendarbeit leisten.

Eine erste Version des Textes hatte ich einigen Kameraden zum Lesen gegeben. Ihre positiven Reaktionen haben mich gefreut und dazu geführt, dass ich das Buch nun publiziert habe. Ganz besonders möchte ich Bambi, Ibykus, Mops und Zwerg danken für die guten Gespräche, die vielen Anregungen, Präzisierungen und die Hinweise auf Fehler. Für die verschiedentlich eingestreuten Kommentare und Urteile und überhaupt für den ganzen Text bin aber nur ich verantwortlich.

Bei den Photos, die mir übergeben worden sind, konnte ich trotz eingehenden Bemühungen die Urheber nicht in allen Fällen ausfindig machen und kontaktieren.

Wenn ich dieses kleine Buch jemandem widmen darf, so sei es meinen Pfadikameraden und allen Erziehern gewidmet, die den Traum vom mutigen, tapferen, hilfsbereiten Pfadfinder und dem ritterlichen, selbstlos dienenden Rover geträumt haben und noch immer träumen.

Abbildungen

Abb. 1   (Titelblatt)
Ausgelassene Stimmung nach eine Probe zum Stück »HD Läppli«, Herbst 1961.

Abb. 2   Seite 26
Fronleichnamsprozession mit Teilnahme der Suso-Pfadfinder, Neuwiesenquartier, ca. 1956.

Abb.3   Seite 41
Pfadfindergesetz, aus dem »Thilo«, 13. Auflage, 1956, S. 3.

Abb. 4   Seite 54
Lord Robert Baden-Powell of Gilwell, Gemälde von David Jagger, 1929. Im »Thilo« in Farbe, S. 1.

Abb. 5   Seite 135
Arthur Thalmann, Bundesfeldmeister 1949-1957.

Abb. 6   Seite 173
Hohenlandenberger, ca. 1960.

Abb. 7   Seite 174
Hohenlandenberger, ca. 1960.

Abb. 8   Seite 189
Familienabend, 1958. Winnetous Revue zum 25jährigen Bestehen der Kath. Pfadfinderabteilung Suso Winterthur.

Abb. 9   Seite 207
»Suso«-Mitteilungsblatt, 1956/4. Bericht über einen OP-
TIPPEL.

Abb. 10   Seite 223
Das Fähnli Büffel, 1961, am Start zum Fähnlilauf.

Der Autor

wurde 1946 in Winterthur geboren, wuchs in Winterthur auf und studierte Geschichte und Politikwissenschaften in Zürich und Bern. 1970 verliess er seine Heimatstadt und lebt heute seit vielen Jahren in Bern.